谈判高手的一手案例实录，

见招拆招的谈判应对策略。

一句顶万句
优势谈判

林立文 —— 编著

Negotiation
Power

远方出版社

图书在版编目（CIP）数据

优势谈判 / 林立文编著. -- 呼和浩特：远方出版社，
2023.6
（"一句顶万句"系列）
ISBN 978-7-5555-1608-8

Ⅰ．①优... Ⅱ．①林... Ⅲ．①谈判学 - 通俗读物
Ⅳ．①C912.3-49

中国国家版本馆CIP数据核字（2023）第100553号

优势谈判
YOUSHI TANPAN

编　　著	林立文
责任编辑	孟繁龙
封面设计	小奇影像
版式设计	曹　弛
出版发行	远方出版社
社　　址	呼和浩特市乌兰察布东路666号　邮编010010
电　　话	（0471）2236473总编室　2236460发行部
经　　销	新华书店
印　　刷	天津中印联印务有限公司
开　　本	880毫米×1230毫米　1/32
字　　数	134千字
印　　张	7.25
版　　次	2023年6月第1版
印　　次	2023年9月第1次印刷
印　　数	1—8000册
标准书号	ISBN 978-7-5555-1608-8
定　　价	38.00元

你身边有没有这样的同事？公司谈判只要是他出马，便有签约的可能，领导信任他，同事敬佩他。

你逛商场的时候，是否遇到过这样的售货员？他所说的每一句话，都让你觉得格外顺耳，在他的介绍和劝说下，原本理性的你，最后也心甘情愿地买单。

为什么这些人能做到这样呢？难道仅仅是因为他们口才好，会取悦人吗？

不可否认，这些人除了拥有好的口才外，另外很重要的一点是他们掌握了谈判方法，懂得谈判技巧，知道在不同的场合要使出怎样的招数，与对方斡旋、博弈，并最终取得自己想要的结果。

谈判在我们的生活中几乎无处不在。职场上，我们要与客户谈判，与领导谈判，与同事谈判；生活中，为了解决问题，我们要与父母谈判，与爱人谈判，与孩子谈判，与朋友谈判……尤其是在商业活动日趋活跃的今天，业务谈判变得越来越频繁、越来越重要。掌握谈判策略，提高谈判技巧已成为一项重要的技能。

谈判不仅仅是语言的交流，更是一种行为的互动和心理的博弈，人的情绪、态度、性格、修养、文化背景等，都对谈判的成败起着至关重要的作用。对于谈判者而言，谈判知识的掌握和谈判技巧的运用都直接关系到谈判的成败，关系到自身利益。

当然，我们最关心的是，在谈判中，如何才能让自己成为谈判的主导者，与对方愉快地达成共识，并为自己争取到更多的权益。

本书立足谈判本身，多层次、全方位地介绍谈判的实际技巧、有效方法和常见误区，语言通俗，案例翔实，手把手教会大家基本的谈判常识和实用的谈判方法。

有人说："谈判就像一本可薄可厚的书，当你初涉这个领域的时候，它让你从大的方面认识谈判；随着你的知识的增多、经验的丰富，这本书也会跟着厚起来，谈判时的很多细节会慢慢引起你的注意。"的确，谈判是一门重要的学问，它包含语言学、心理学、社会学等多学科的知识，它是这些知识的灵活运用，更是实践的产物。

希望本书能给初学谈判的朋友展示谈判的魅力，为曾经谈判失败的朋友重拾谈判的信心，为经常谈判的朋友带来不同的思考方式。

目　录

第八章　禁忌：别让快到手的胜局，输在"多此一举"

第一章　筹备

谈判不做准备，那就准备失败

☑ 准备足够充分，便有七分胜算

☑ 确认自己的使命，明确谈判目标

☑ 精心策划，找到最佳谈判方案

☑ 以防万一，备好最佳替代方案

☑ 反复场景演练，确保熟能生巧

准备足够充分，便有七分胜算

《礼记·中庸》中有"凡事预则立，不预则废"，卡耐基说"不为明天做准备的人永远不会有未来"，成语里有"磨刀不误砍柴工"，现在我们则常说"机会总是留给有准备的人"……古今中外，有着太多关于准备的名言警句。对于谈判来说，准备工作同样重要。

一、为什么准备对谈判如此重要

再优秀的谈判者也不敢说自己可以打无准备之仗，当谈判中出现突发事件需要我们处理时，即便是即兴发挥，也需要建立在充分准备的基础上。兵马未动，粮草先行，谈判就像一场没有硝烟的战斗，准备则是最大限度保障胜利的粮草，其作用如下：

1. 帮助我们了解谈判的本质

谈判可以拆解为谈与判。谈是一个双向词，彼此间有对话才是谈，如果自己跟自己说话，那叫自言自语。既然彼此之间有对话，那就需要有谈资，即提前准备好的资料。判，分也，是说谈判不管好坏，需要一个定论，最起码是阶段性的定论。既然需要定论，成功总比失败好。就算失败，也要在有限范围内争取到最大的利益，比如在其他方面展开合作、促成下次合作等。

这一切的前提，就是充分的准备，有把握影响对方的判断，形成自己的判断。可以看出，谈判本质上是要谈出结果，准备是否充分对于结果有着关键性的影响。

2. 帮助我们做到知己知彼

谈判的过程中充满了变数和陷阱，一不小心就容易陷入被动的局面，所以谈判是一次谈判双方在心力、体力与专业素养方面的全面较量，只有做到知己知彼，才能胜券在握。知己知彼的前提是准备工作充分。提前做好准备工作，有助于谈判时减轻心理负担，做到胸有成竹，气场全开，给对手以心理压迫；减少思考和谈判的时间，节省脑力、体力；准确知道自己的全部情况，摸清对方的情况、了解对方的意图和底线，拿出高效的、针对性强的谈判方案。

3. 帮助我们梳理谈判目标

谈判前一般需要预估一个可以争取到的利益目标，这个目标有最高和最低之分。一般来说，最高目标可以制定得具体些，在谈判中尽最大努力去促成。最低目标可以一般化，在底线范围内留有回旋的余地，在谈判中可以灵活进行。

如果没有充分的准备，谈判目标会比较模糊，主次不清就很难争取到自己想要的结果。准备资料时，我们要对所需资料进行整理分析，去伪存真、全面客观地了解自己和对手，这样做可以使谈判目标越来越清晰，在最大范围内争取谈判成功。

4. 帮助我们确定谈判方法

谈判要面对不同的人、事、物，各有各的风格、特色和注意事项。提前做好准备工作，尽可能了解对方的相关信息，有助于我们确定可以使用的谈判风格、方法和技巧，有利于我们掌握主动权，也避免在谈判中闹出笑话、产生误解。

5. 帮助我们提高印象分

谈判是一种很正式的商务活动，为了达成交易，解决双方争端，取得各自利益。除了提前准备资料，做到胸有成竹，还需要注重穿着礼仪与谈判中的敬语，在交流中做到热情大方，有的放矢，提高印象分。当对方对我们产生了好感，谈判就会变得比较顺利。

二、如何做准备可以提高谈判胜算

谈判是一项双方心理、体力、脑力博弈的过程，为了增加谈判的胜算，必须提前预判谈判时会遇到的各种突发情况，做好备选方案。

1. 知己

有些谈判者准备资料时容易忽视准备己方材料，认为对己方的情况已经很了解了，这种想法对谈判非常不利。只有在每次谈判前，根据谈判主题准备己方材料，才能对己方有比较客观、充分的了解。准备材料一般从两方面进行：一是具备哪些实力，二是具有哪些弱点，对两者分析，做到扬长避短，在谈判中提高胜算。

2. 知彼

彼方的资料准备工作相对来说更加繁杂，除了要准备与谈判主题相关的资料，还要收集彼方的个人喜好、文化背景、公司信息、实力情况、谈判习惯等基础信息，了解市场、政治、法律、自然环境、文化环境等宏观方面的信息。而且，这些信息要一直搜集到谈判开始之前，以保证所有信息都是最新、最可靠的。对彼方信息的全面掌握，可以在谈判中发挥意想不到的效果。

在知己知彼的资料准备阶段，最重要的是在资料收集完成后对其进行整合、分析，找出对方的弱点，得出己方在谈判中的有利条件，为制订谈判方案奠定基础。

3. 备方案

备好谈判方案是准备工作的一部分，也是提高谈判胜算的方法之一。首先，制订几套可行性方案，并根据方案组建谈判队伍。其次，梳理出谈判目标、过程，找到双方的共同利益及可接受的底线，然后模拟谈判，选择可行性最高的方案。最后，准备好谈判失败的相关方案，想好对策，有没有备选方案可以用来回旋等。

4. 提素质

要想提高谈判胜算，需要锻炼、提升谈判者的素质，这恰恰是很多人容易忽视的。谈判人员平时要有目的地锻炼自己的心理与体力。心理方面包括耐心、快速思维、灵活思维的锻炼；体力是指身体健康情况、对疲劳的耐受力等。谈判前养精蓄锐，有了好的体力和精力，谈判成功的可能性会大幅提升。除此之外，谈判人员要有良好的信用。这点尤其重要，不可靠、朝令夕改、虎头蛇尾是谈判的大忌。

本节内容主要是帮助大家了解谈判前做好准备工作的重要性，进而摆正态度，不要认为它繁杂且无效。只有做好准备，我们才能大大提高谈判胜算。

确认自己的使命，明确谈判目标

在谈判中，我们会遇到形形色色的人，比如：固执己见，明知道不对却始终坚持的人；没有主见，人云亦云导致谈判破裂的人；不择手段，通过各种方法诱导我们钻入圈套的人；目光长远，能让谈判顺利进行并可能达成长期合作的人……不同的人，会把谈判导向不同的结果。所以，在谈判过程中，无论面对什么人、遇到什么事，谈判者要做的就是确认自己的使命，明确谈判的目标，不被对方牵着鼻子走。

一、谈判时牢记自己的三大使命

使命是指谈判者应完成的任务、应尽的责任。一般来说有以下几个：

1. 创造利润

谈判时，双方代表各有使命，这个使命可以呈现为任何愿景，但归根结底，追求的都是利益最大化。也就是说，谈判的最终目的是为企业创造利润。利润是企业存在、发展的基础，也是员工维系生活的保障，所以，创造利润是谈判时始终如一的终极使命。

2. 生存发展

在市场经济条件下，谈判成为企业开拓市场的重要力量，实现经济目标的常见手段，获取市场信息的重要途径。所以，促进企业的生存发展，也成为谈判的重要使命之一。

3. 永续经营

时代在进步，观念在改变，如果企业一直保持不变，就会被市场淘汰，永续经营也就无从谈起。谈判是寻找价值、创造价值、交付价值的过程，是保证企业永续经营的方法之一。所以，促进企业永续经营，便成为谈判的使命之一。

从谈判前的准备工作到谈判终结，谈判的内容要始终围绕以上三大使命进行，这样才能最大限度地保障谈判取得胜利。

二、谈判需要明确目标

目标之于谈判，就像灯塔之于航船，每次谈判都需要有明确的目标，如此才能引导谈判方向，指导谈判过程，从而影响谈判结果。一般来说，谈判需要明确四个目标：

1. 理想目标

理想目标，即谈判时期望的最优目标，是谈判中单方面期望达成的最高目标。当然，在真正的谈判中，理想目标一般止步于理想，很难实现。因为谈判是一件双赢的事情，没有人可以在谈判中占尽好处。理想目标很大程度上不是为了实现，而是为了开启谈判话题。

谈判虽然不至于到钩心斗角的地步，但也需要多种技巧和经验。所以，经验丰富的谈判者，为了确保达成目标，会先提出一个理想目标开启谈判话题，让双方有探讨的可能。否则，一上来就给出实际需求目标，那么，在谈判的你来我往中层层削减，这个目标就永远无法达成。因此，为了尽可能达成实际需求目标，就需要以理想目标来开启谈判。

举个简单的例子，在资金供求谈判中，需方实际需要的目标资金是100万，如果直接给出目标资金，就相当于露出底线，谈判会变得很困难。但在谈判时，需方如果给出的目标资金是150万，那么供需双方会收集资料，就150万进行谈判。供方根据收集的资料，得出需方实际需要的目标资金可能是100万，但供方为了自身利益，会在100万的基础上扣掉一部分，比如说提供 90 万，希望以更少的资金投入获取更大的价值回报。需方肯定是不会同意的。所以，双方最终达成的结果，可能不是需方给出 150 万目标资金，也不是供方给出的 90 万，而是略高于或者略低于 100 万。这样的结果，双方都会比较满意，不会认为其中一方占了很大便宜或者吃了很大的亏，从而保障后续合作顺利进行。

之所以在谈判中会形成这样一种惯例，与谈判双方的信誉、利益、心理、文化、历史、成见等因素有关，这是一个很复杂的问题，不是一方想要改变就能改变的。所以，遵循基本规则来谈判是很有必要的。当然，理想目标也不是绝对达不到，当企业的信誉度达到一定高度，另一家企业的资本足够雄厚，且信誉度也颇高时，往往就能促成理想目标的实现。简而言之，就是天时、地利、人和都加持的情况下，谈判的理想目标就有可能达成。

2. 实际需求目标

实际需求目标是参与谈判的各方根据主客观因素，考虑各方面情况而制定的目标。这个目标经过科学论证、预测及核算，是谈判双方使用手段、技巧极力要达成的目标。因为这个目标关系到谈判双方主要或全部的利益，是双方想要极力守住的最后防线，属于不能泄露的内部机密，不会轻易在谈判中着重提出，以免被对方看破，导致谈判于己不利。

一般情况下，实际需求目标会在谈判的某个微妙时间点提出，这个时间点需要根据企业的具体情况，在谈判之前向上级或者有经验的前辈请教。当双方无法达成实际需求目标时，谈判可能陷入僵局，这时建议先暂停谈判，进行内部讨论，寻找解决方案，以保障实际需求目标的顺利达成。

3. 可接受目标

可接受目标是谈判人员根据各种主客观因素，经过科学论证、预算和核算之后确定的谈判目标。当实际需求目标确实无法达成时，可接受目标就成为谈判者努力达成的目标。因为可接受目标是谈判过程中通过努力争取或者做出让步后能达成的目标，可以实现部分经济利益。所以，可接受目标达成了，也就代表谈判成功了。

需要注意的是，谈判中要尽量争取达成实际需求目标。如果实际需求目标有达成的可能，就不要暴露可接受目标，以免被对方识破，导致无法获得利益最大化。

4. 底线目标

底线目标即最低限度目标，是谈判双方必须达到的原则目标。如果说实际需求目标是谈判双方想要极力守住的底线，那么底线目标就是必须守住的底线。这条底线守不住，意味着谈判破裂。

因此，底线目标是机密中的机密，绝不能泄露。这里要提醒大家，底线目标是我们万不得已才设置的目标，谈判中最好不要有"别的目标达不成没有关系，反正还有底线目标"的想法。底线目标表示所能获得的利益较少，所以谈判的主要精力要放在其他目标的达成上。

　　明确谈判目标时，我们多次提到"底线"这个词。保障谈判成功的最大前提，是明确知道自己和对方的底线。只有我们明确谈判时一定要达成的和一定不能侵犯的东西后，谈判才能表现得游刃有余。比如，我们知道哪一步可以继续、哪一步需要停止、什么时候可以步步紧逼、什么时候要营造轻松的氛围等。只有将时间、精力都花在"刀刃"上，才能最大限度地保障谈判顺利进行。

　　以上四个谈判目标是最根本的，每一个目标又可以拆解成更小的目标，变得更有弹性一些，以便在谈判过程中根据实际情况随机应变，顺利达成目标。

精心策划，找到最佳谈判方案

精心制订谈判方案，是谈判准备中非常关键的一环。谈判是一场没有硝烟的战争，如果谈判者想要投机取巧，打无准备之仗，迎接他们的，基本上是失败。

一、收集资料，提前策划谈判方案

经历过谈判的人都知道，谈判方案只是谈判的话题与依据，通过你来我往的谈判，最终达成的方案可能与最初制订的方案有出入。既然如此，为什么还要收集资料，提前制订谈判方案呢？这是因为，谈判中会出现各种问题，提前制订谈判方案，可以预判谈判全过程，避免被对方带入误区而不自知，忘记自己的谈判目标。那么，我们要如何策划谈判方案呢？

1. 收集资料

收集资料时，可以从谈判主题入手。凡是影响谈判主题的因素，都在资料搜集之列，比如交易本身、谈判时间、对方实力、性格特点、双方优劣等。

2. 确定谈判内容

谈判内容包括目标、准则、具体要求和规定的确立。目标在上一节中已经讲过，这里不再赘述；准则主要是指谈判期限；具体要求即明确谈判人员的分工和职责；规定是指联络通信方式、汇报制度等的规定。这些内容因为谈判规模、重要程度不同而有所差别，但可以确定的是，优秀的谈判内容具有以下三个特点：

（1）内容与原则简明扼要，易于记忆，方便谈判者据此与对方谈判、周旋。

（2）谈判方案明确、具体，没有空洞、含糊的地方。

（3）在不违背根本原则的前提下，谈判方案应有一定的弹性空间，让谈判者根据实际情况，在权限允许的范围内灵活处理问题，为谈判顺利进行、取得成功铺路。

一般来说，为谈判方案设置弹性空间主要从以下几方面进行：

一是谈判目标，要多设置几个可供选择的方案；二是指标，各项指标要有上下浮动的余地，不要设置为硬性指标，否则将加大谈判难度，减少谈判成功的可能性；三是设置备选方案，根据谈判的具体情况，当一个方案行不通时，还有其他方案可以让谈判继续进行下去。

3. 制定谈判策略

谈判策略是指实现己方谈判目标的基本途径与方法。根据收集到的资料和已经确定的谈判内容，判断在这场谈判中自己所处的位置，如果处于优势，谈判策略比较好制定，进可攻，退可守；如果处于劣势，则要想办法缩小双方的实力差距，提高己方的谈判能力，可以采取以退为进的手段，让己方始终处于主导地位，既能取得谈判的胜利，又能获取更大的利益。

4. 安排谈判议程

谈判议程是谈判策略的一种，需要明确谈判时间和谈判议题，拟定通则议程和细则议程。谈判时间包括什么时间举行谈判、谈判要进行多长时间、各个阶段的时间如何分配、议题出现的时间顺序等；谈判议题是指谈判各方提出和讨论的各种问题，尤其是要准备好己方要提出、讨论的问题，明确问题的主次等；通则议程是谈判各方共同遵守的日程安排，一般需要各方协商同意后才能生效，属于公开信息；细则议程是己方对谈判观点、文件资料、策略等的具体安排，仅供己方人员使用，属于保密信息。

5. 安排谈判人员

谈判者的素质直接影响谈判成败，所以，安排谈判人员时要根据谈判主题，确定谈判的合适人选。参与人员尽可能涉及多方面人才，从宏观、微观两方面提升谈判、决策能力，如技术人才、商务人才、金融人才、管理人才、语言人才等。与此同时，这些人才还要细分，以技术人员为例，应包括熟悉产品制造工艺的技术员和工程师，也应包括相关技术领导、技术经理等。

6. 选择谈判地点

谈判在某种意义上就是一场心理战，就像体育运动中主客场常常影响比赛结果一样。

谈判地点也会对谈判结果产生影响。一般来说，对于重要和难以解决的问题，应争取在主场谈判，如单位的会议室、办公室等；对于一般性问题和容易解决的问题，也可准备充分，在客场谈判；如果双方都不同意去对方的地盘谈判，可以找一处双方都熟悉或者都陌生的场所，这样双方条件相同，也就更公平了。

除此之外，谈判方案还包括目标设置、市场调研的信息情报、双方各自提供的公开信息情报等。在此基础上，大家把能想到的部分尽可能完善到谈判方案里，让谈判更顺利地进行。

当我们预演了谈判中可能出现的问题，提前找到了解决方案，在谈判中便可以做到信心十足、进退有度，能够大大提高谈判成功的概率。

二、通过预演优化最佳谈判方案

通过收集资料制订谈判方案之后，并不意味着万事俱备，只等谈判就好了。因为最初制订的谈判方案往往是以自己的最高利益为出发点，而谈判是一场双赢的活动，所以我们要对谈判方案进行预演，让它变得切实可行。也就是说，最优谈判方案不是可以获取最大利益的谈判方案，而是可以双赢、保证谈判成功的方案。

谈判中，最忌讳的就是死守提前制订的方案，不懂得根据具体情况适当调整，导致谈判失败。为了减少谈判时遇到的阻力，我们可以在谈判开始前组织人员进行预演，从而找到方案的漏洞、弱点，分析双方的优劣势、可能遇到的问题及相应的解决方案等。预演一定要尽可能残酷、犀利，以便大家提前适应谈判的节奏与氛围。

优化谈判方案时，要多问自己几个为什么，比如为什么要这么做，这么做是为了解决什么问题，以此明确优化方案的真正目的——更加客观地了解自己，更加全面地认识对方，更好地认识到面临的挑战，确保双赢。

需要注意的是，这是真正谈判之前确定的最佳谈判方案，等到谈判开始后，我们会发现这个最佳方案并不完美，此时要在坚守基本原则和目标的基础上，根据谈判具体情况再次优化方案，提高谈判双赢的概率。

以防万一，备好最佳替代方案

人无完人，策无完策，任何事情都可能出现万一，所以在做谈判准备时，要备好最佳替代方案。毕竟多一个备选，就多一条谈判的出路。

一、什么是谈判的最佳替代方案

谈判时备好最佳替代方案，是哈佛大学教授罗杰·费舍尔和威廉·尤里在《实现正确》一书中提出来的。所谓最佳替代方案，是指谈判不成功时，还有其他方案可以替换。这些替换方案可以达到谈判目标的其他可能性，找出最适合本场谈判的方案，成为原本方案一旦出现问题时能够立即替补的方案，便是最佳替代方案。

举个简单的例子，小方要买一辆二手车，于是在二手车网站上搜索信息并进行分析，找到一个比较符合自己要求的卖家，打算下单，这就相当于最初的谈判方案。就在小方要下单时，身边认识的朋友刚好有辆二手车要出售，比二手车网站上的车更符合自己的要求，且熟人值得信赖。此时如果小方还坚持最初的谈判方案，遭受损失的便是自己，所以找熟人购买二手车成为最佳替代方案。

这个例子所体现的便是谈判协议最佳替代方案，之所以要重视它，是因为没有真正谈判前，任何预设都可能存在失误。如果一味坚持最初的谈判方案，不懂得根据实际情况来调整谈判方案，谈判失败的可能性将大大增加。

相较于最初制订的谈判方案，最佳替代方案拥有更大的灵活性，因为它面对的不是最终目标，而是在某个期限内没有达成协议时确定的行动方针，有更多的创新空间及可探讨的余地，为谈判提供了更好的选择。

正所谓有备无患，最佳替代方案既可以帮助我们预判对方的谈判方案，又可以给自己留有更多的机会和方向，一举两得。所以，谈判时要备好最佳替代方案，永远给自己留有讨价还价的余地，千万不要忽视它的重要作用。

二、使用谈判最佳替代方案的注意事项

最佳替代方案作为谈判底线，谈判者可以以其为基础，决定是否接受或者拒绝谈判中的某个方案。使用最佳替代方案时，要注意以下事项，明确己方的底线，避免不必要的损失。

1. 明确底线

谈判前，我们可以预设一个双方都能接受的底线，并以此底线作为最佳替代方案的主要内容，这样可以在谈判中处于优势地位，明确自己如何完成谈判。需要注意的是，底线只是保证谈判尽可能成功的前提，所以明确底线不能过于乐观，否则可能导致我们错过其他更好的选择。

最佳替代方案不是一成不变的，可以根据谈判情况适当调整和改善。比如，我们可以从三个方面进行改善：一是仔细考虑己方利益，清楚以己方力量可以做到什么。比如供需双方谈判，你是需求方，你的最佳替代方案就要多准备一个或者几个供方，让供方明白自己的地位并非无可替代，从而增加谈判筹码。二是需要明确如果我们想让对方尊重我们的利益，需要将相应的准备工作做好，替代方案就会更好一点。三是尽可能引入对己方有利的第三方，最大限度地确保己方的利益。这样一来，最佳替代方案会变得更完善，让我们在谈判中更加从容、自信。

另外，作为备选方案，最佳替代方案设定的选择要与当前谈判结果最为相近，如果与原本的愿望相差甚远，最佳替代方案就失去了作用，对谈判帮助不大。

2. 了解对方的最佳替代方案

了解对方的最佳替代方案，可以让我们在谈判中争取更多的主动权，在谈判不破裂的前提下争取到更多的利益。需要注意的是，最佳替代方案有时不能太计较一时的物质得失，而要以最终利益最大化为谈判目标。所以，了解对方的最佳替代方案时，不要只围绕金钱展开，而应该要全方位、多方面进行判断。

3. 适度隐藏最佳替代方案

谈判时，如果对方发现了我们的最佳替代方案，明白了我们的底线，就不会提供比这更好的方案了。一般来说，只有在原有方案导致谈判陷入僵局，或者发现最佳替代方案对自己更为有利时，才会暴露最佳替代方案，以便更好地重启谈判。

需要注意的是，虽然为了谈判顺利进行，我们会适度隐藏或者及时抛出最佳替代方案，但千万不能在最佳替代方案上撒谎，因为基于我们的最佳替代方案，对方可能会顺水推舟。如果我们撒谎了，对方顺水推舟时可能与我们原本的目标背道而驰或者相去甚远，这样做得不偿失。

谈判的最佳替代方案可以最大限度地保障谈判成功，所以它的设计，以我们所能承受的底线为根本。简单来说就是，如果谈判不成功，这份替代方案可以成为最好的选择。

反复场景演练，确保熟能生巧

生活中，谈判无处不在，小到买东西的讨价还价，大到企业间的博弈，都是谈判的表现形式。

为了在谈判中更加熟练、应对得当，谈判人员要注意日常谈判演练，确保对谈判形成一定的条件反射。

场景演练是正式谈判之前的最后一项准备工作。无论我们对自己的谈判方案多有自信，在正式谈判之前，我们都要预判使用此方案谈判时会出现的各种场景，并对这些场景进行演练，这样既能检验我们准备的方案是否合适，又能对谈判过程中出现的突发事件做好心理准备，提前体验正式谈判时的氛围，增强心理承受能力。

一、如何进行场景演练

我们都知道《卖油翁》的故事，卖油翁通过小小的铜钱孔滴油的技能在别人看来神乎其神，但他却轻描淡写地说："无他，惟手熟尔。"意思是说，之所以有这样的技能，只是因为熟能生巧。对于谈判来说，提前进行场景演练，就是提高谈判胜利概率、熟能生巧的过程。那么，我们应如何进行场景演练呢？

1. 确定谈判态度

进行场景演练时，首先要确定谈判态度，因为我们会遇到各种各样的谈判人员、谈判主题，并且每一场谈判都不相同，因此不能用同一种态度对待所有的谈判。

2. 推敲谈判方案

谈判方案是对谈判的一种预判，是预判就会有误差，所以我们要通过反复场景演练，推敲准备好的所有谈判方案，将误差降到最少。推敲过程中，尤其要注意推敲方案的破绽、优劣，总结优势，弥补破绽和劣势，整理出更适合的谈判方案。

3. 熟悉谈判方式

进行场景演练时，要熟悉的谈判方式有两种：一种是将参与谈判的人员分成两组，一组代表己方，一组代表对方，双方就谈判的每个环节进行演练，除了熟悉谈判流程，还可以验证制订的方案对谈判中可能出现的问题是否有效等；另一种是从参与谈判的人员中选出能力强的，扮演对方的谈判人员，让己方谈判人员熟悉面对高手的场景、氛围等，提高心理承受能力及发现问题、面对问题和解决问题的能力。

4. 提高谈判能力

进行场景演练时，主导谈判的人要有意识地提高参与谈判人员的能力，让他们学会换位思考，站在对方角度看待己方制订的方案，这样更能发现方案的不足。

5. 了解谈判对手

对自己和对手了解得越多，越能掌握谈判的主动权，提高谈判成功的可能性。我们对己方信息相对比较了解，若能跳出己方视角，站在对方的角度看自己，更能发现己方弱点。在此基础上，我们要对谈判对手进行了解，了解对方的谈判目的、心理底线、谈判人员性格、谈判方式方法、公司经营情况、行业情况、企业文化、禁忌等，进而总结对手的优势和弱点，谈判时尽可能避其锋芒，攻其弱点，争取谈判成功。

6. 营造谈判氛围

尽管人们常说谈判是唇枪舌剑、没有硝烟的战争，但谈判的最终目的是为了达到双赢的目标，所以谈判氛围不必过于敌对，应尽量以融洽为主。这可以给对方一种自己不是对手而是合作伙伴的印象，从而消弭谈判中出现的分歧，增加谈判双方达成双赢的信心，让谈判变得更加顺利。

7. 设定谈判禁区

谈判事关己方利益和长远发展，会涉及很多敏感内容，在场景演练时要设定谈判禁区，比如哪些话不能说、哪些行为不能做等，最大限度地减少谈判失误及落入对方陷阱的可能。

8. 改进语言表达

谈判人员采取的语言方式对谈判结果有着很大的影响。一般来说，谈判所用语言要专业、严谨、简练，切忌松散、拉家常式、啰唆。采用不当的语言进行谈判，不仅会模糊自己想要表达的意图和重点，更可能令对方疑惑、反感，进而影响谈判进程和结果。因此，谈判之前要将语言代入谈判的场景进行推敲、改善，找到更适合的表达方法。

9. 掌控谈判局势

谈判表面上没有主持人，其实一直有隐形主持人在主导谈判进程。这个主持人不是己方就是对方，作为掌控谈判局势的一方存在，这位隐形主持人最好在己方。所以，在平时的场景演练中，要着重培养己方谈判人员运筹帷幄的思维、从容不迫的气质、一语中的的语言、公平客观的品质等。如此便可以在谈判中潜移默化地影响局势，让有利局势朝己方发展，最终形成有利于己方的谈判结果。

通过以上场景演练，我们要对演练中出现的问题进行总结，进一步完善谈判方案，增加谈判成功的概率。

二、场景演练的注意事项

进行场景演练时，为了达到逼真的效果，需要注意以下两点：

1. 注意曲线进攻

到达目标的快速之路，往往是那条最曲折的路，因为直奔目标很容易引起对方的警觉和抵抗，会增加难度。曲线进攻主要包括两个方面：一是战术上的，二是话术上的。战术上的曲线进攻比较复杂，根据谈判主题调整即可。话术上的曲线进攻是指谈判中语言不要盛气凌人，而是气势上占据主动权，情绪不被对方影响，心思不被对方看透，能更好、更快地达成目标。

2. 注意聆听的重要性

善于聆听的人，更容易取得谈判的胜利。此处的聆听不是只听不说，而是可以听到有用的信息。谈判是双方经过交流，想要达成双赢的事情，如果一方极具进攻思维，滔滔不绝，总想把自己的想法灌输给另一方，很难让对方产生好感，且容易言多必失。

善于聆听就不一样了。我们可以从对方的话中找到他们的破绽、弱点或者更希望达成的目标，然后调整谈判话术，直击对方核心，为己方争取到更多的利益。

　　为了进口一批数控机床，甲公司与国外一家公司进行了谈判。在谈判过程中，对方极力宣扬自己公司的实力和市场地位，甲公司谈判人员则耐心倾听，设法从对方所说的话中寻找突破口。

　　谈及价格，对方报出了一个远高于国际市场的价格，不过，甲公司谈判人员并没有着急还价，只是表示了惊讶。同时，他们通过提问和分析，发现对方一直在回避产品的技术标准和参数，于是要求对方提供相关技术资料，并且说："你们的产品在精密度和某些性能上，还达不到国际先进水平，但你们的价格却超过了世界一流产品，对此，我们怀疑你们交易的诚意。"

　　对方听了，马上表示刚刚的报价只是一个参考价格。最终，双方以低于国际市场 8% 的价格成交。

无论你是谈判新手还是身经百战的老手，每次谈判开始前，都要进行场景演练，平静心情，总结经验，更好地掌握谈判节奏。

第二章　刺探

摸清对手底细，才能提高胜算

- ☑ 谈判的关键——赢得信息战
- ☑ 了解对手是什么样的人
- ☑ 谁才是可以拍板的人
- ☑ 摸清对方的底线
- ☑ 弄清对方谈判的动因

谈判的关键——赢得信息战

谈判是参与谈判的各方沟通的过程。想要达成目标，取得谈判胜利，掌握信息非常关键。进一步说，谈判是依靠信息达到自己预定目标的一种活动，谈判目标、方案等的确定，谈判流程的进行，谈判结果的干预，都需要信息的加持。

一、信息对谈判的重要性

信息对谈判有多重要，我们可以看看下面这个例子：

美国著名谈判大师荷伯·科恩有一个非常经典的煤矿收购案，在收购的谈判过程中，他充分认识到信息收集的重要性。

谈判之初，荷伯·科恩根据煤矿的经营情况，将收购的价格设定为2400万美元，但是煤矿主将价格定为2600万美元。之后，无论荷伯·科恩如何讨价还价，煤矿主都不肯松口。谈判陷入了僵局。

荷伯·科恩为了完成收购目标，始终不肯放弃，经过一次又一次拜访，煤矿主终于透露了自己不肯松口的原因，原来价格只是其中一方面，他更想要的是附加利益。荷伯·科恩意识到了这个信息的重要性，及时与公司联系，得到同意之后对煤矿进行了更深入的信息收集，发现了谈判的新思路。

搜集到的信息1：煤矿主经营这个煤矿多年，对煤矿有着深厚的感情。针对这一信息，荷伯·科恩提出，煤矿收购之后，煤矿名称不变，并且请煤矿主担任煤矿的技术顾问。延续煤矿主与煤矿感情的同时，也给公司招揽了一位经验丰富的把关人。

搜集到的信息2：煤矿工人大多在此工作多年，煤矿主担心煤矿被收购后，工人们会失业。鉴于此，荷伯·科恩提出，煤矿收购之后不会大规模裁员，原有的工人保留80%以上，既不会让工人失业，又为公司省下重新招聘、培训的时间和费用。

搜集到的信息3：煤矿主之所以提出附加利益，是因为他有一个一直与他竞争的朋友，他不想输给这个朋友。荷伯·科恩提出，收购煤矿的费用一次性付清，比那个朋友5年之内被付清款项的条件优越。

通过收集到的这三个新信息，荷伯•科恩很快与煤矿主达成了收购协议，而且最终收购价格为 2250 万美元，低于公司开始给出的预算，为公司节约了成本。与此同时，附加条件也给公司带来了不少好处，既没有多付出，又满足了煤矿主的心愿，堪称信息战的经典案例。

由此可见，掌握更多、更有针对性的信息，可以节省谈判时间，加快谈判进程，让我们在谈判中掌握更多的主动权，将谈判拉入自己想要的轨道，并取得最终胜利。

二、如何打赢信息战

谈判之前，收集信息要做到宏观与微观并重，既要有大范围的信息收集，又要有看上去并不起眼但关乎谈判的信息收集。总之，凡是与谈判相关的事与人，他们的信息都要收集起来。

1. 掌握信息收集渠道

搜集信息之前，为了节约时间，可以先了解信息收集的渠道。在"互联网+"时代，资讯发达，信息收集也容易了许多。为了信息更多元、更真实，可以从线上、线下两个渠道进行。线上渠道包括通信工具、网上社群、朋友圈、行内资讯发布平台、广告等。

线下渠道主要是与相关人员的沟通、行内聚会的交流、名片交换、第三方合作伙伴等。从严格意义上说，线上、线下有很多重叠信息，这些重叠的部分可以帮助我们判断信息的真假，节省信息收集的时间。通过这些渠道搜集信息时，比较常用的方法有观察、问卷、访谈、交流、归纳等，我们可以从中选择合适的渠道和方法进行信息搜集。

2. 收集谈判的环境信息

环境信息大多是指对谈判产生影响的所有客观信息，如政治情况、市场情况、宗教信仰、法律制度、社会习俗等。如果谈判双方都是本国的，着重了解市场情况即可。如果谈判方有其他国家的，上述信息都要了解清楚。除此之外，谈判方的个人身份信息、资信状况、合法资格、资本信用等也在收集之列。综合整理、分析这些信息，可以帮助我们了解谈判的大环境，为制订谈判方案提供依据，树立谈判信心。

3. 收集己方信息

苏轼在《题西林壁》中说："不识庐山真面目，只缘身在此山中。"谈判也是如此。很多人在谈判时认为足够了解自己，收集信息时很容易忽视己方信息，导致谈判失利。

收集己方信息相对容易，主要包括两个方面：一是收集参与此次谈判人员的信息，掌握他们的谈判风格、能力等，为分配谈判人员奠定基础，达到在谈判中一个眼神就能了解彼此想法的默契；二是收集企业总体成本状况、与此次谈判主题相关的信息、与之相关的行内资讯等，为制定谈判策略提供信息支持。

4. 收集对手信息

收集对手信息比收集己方信息要复杂得多。一是要收集对手谈判人员的个人信息，包括谈判风格、能力、案例等，便于分析他们的优劣势。二是要收集谈判企业的信息，包括背景、资产、规模、征信、经营状况、经营策略、业内资讯以及与谈判主题相关的任何信息，方便我们了解对方的底线，在谈判中掌握主动权。三是要收集对方企业了解多少谈判相关信息，包括我们的信息。只有如此，才能更全面地分析、加工我们收集到的资料，预判双方谈判中可能出现的问题，让谈判方案更完善，谈判才能更顺利。

5. 对信息进行整理和总结

收集信息之后，要对信息进行整理和总结，否则杂乱的信息很难对谈判产生有利影响。一般来说，整理、总结信息主要在于理顺、分析信息重叠的部分，对这部分信息去伪存真，找到真正有用的信息；整理、总结其他有关联的信息，把这部分信息与谈判联系在一起，找到对谈判有用的信息；整理、总结没有关联且对谈判帮助不大的信息，并做进一步分析，看看能否找到被忽略的有效信息。

其实，收集信息没有想象中那么难，只要我们用心观察，善于沟通，便可以在日常交流、合作中获取对谈判有利的信息。谈判之前，掌握的信息越多，谈判成功的可能性越大。因为理想的谈判是在有限的时间和空间内，通过有的放矢、切中要害地说服对手，争取对自己更有利的结果，而这一切的前提便是赢得信息战。

了解对手是什么样的人

孔子认为，高尚的品德应该是"己所不欲，勿施于人"。但在谈判中，双方想要达到的目标几乎都是"己之所欲，施之于人"。因为谈判过程就是双方观点相互碰撞、相互磨合的过程，最后成为双赢的新观点。想要达成这一切，前提是要了解对手到底是什么样的人。

一、谈判对手的类型

作为工作，谈判时人们往往会收敛一下自己原本的脾气，调整自己以适应谈判，保障谈判顺利进行。

一般来说，谈判中比较常见的对手类型有以下几种：

1. 外向型

外向型的人性格活泼，待人友善，态度开放，喜欢跟别人打交道。谈判中遇到此类对手，要小心被他的热情所影响，完全顺着他的谈判思路往下走。这类对手不喜欢繁文缛节，对于不喜欢的事情会直接说"不"，所以我们要注意谈判策略，在保证谈判质量的同时，讲述不要枯燥、烦琐，最好能让他看到双方合作的美好前景。这类对手常常只要感觉对了，谈判就成了。

2. 实际型

实际型的人很务实，不看谈判的细枝末节，只看最后可以带来什么结果。结果是他需要的，谈判就可以进行下去；结果与他所想、所要的有差距，谈判就容易陷入僵局。所以，遇到此类对手，谈判方案应以务实为主，切忌天花乱坠、夸夸其谈。谈判过程中，每一分每一秒说的都是与谈判相关的话题，不浮夸，切合实际，每个论点都有论据支持，便容易赢得实际型对手的好感。

3. 和善型

和善型的人对人对事都较有耐心，富有同理心，不容易与人发生争执。谈判中遇到此类对手，我们会比较容易掌握主动权。但要注意过犹不及，如果态度过于强势，很容易给和善型选手造成压迫感，影响谈判进程。所以，谈判中语气要平缓一些，态度要温和一些，一步步获得对方的信赖，增加谈判成功的概率。

4. 逻辑型

逻辑型的谈判对手较难对付，这种类型的对手就像科学家、会计师、律师，非常擅长抓漏洞。谈判中遇到此类对手，所有资料都要有完整的证据，每一句话都要经过考量，否则很难让对方信服你。

我们最好对遇到的每一个谈判对手进行分析、总结，形成记录，方便查询、复盘。这样便会对各种类型的人越来越熟悉，可以为以后谈判节省不少精力和时间。

二、确定谈判对手的基本情况

在谈判过程中，谈判者的专业知识、心理素质等基本情况直接关乎谈判过程的难易程度及谈判结果的好坏。一般来说，谈判对手的基本情况可以从以下几个方面来确定：

1. 确定对手的谈判人数

谈判是谈判人员之间的博弈，只有极少数谈判是个人单打独斗，大部分谈判需要由 2~4 人组成团队，一般以 3~4 人为宜。因为谈判过程中会有很多突发状况，一个人就算知识、经验再丰富，仅靠个人的力量也很难完成得尽善尽美。为了避免出现人数过多、人员浪费或人手不足、疲惫不堪的极端情况，每次谈判开始前要根据谈判规模、时间等慎重确定参与谈判的人数。考虑到双方谈判的主题一致，面对的目标、难度也差不多，参与谈判的人数自然不会相差太多，根据己方参与谈判的人数确定对方的参与人数即可。

2.确定对手参与谈判的人员

确定参与谈判的人员时，主要考虑两点：

（1）考虑参与人员的层级。既有公司层级的负责人，有权代表公司在谈判中做出重要决策；也有项目负责人，对谈判中的总流程、预算、项目相关问题等进行把控；还有人员负责资料收集、整理，处理琐碎的事情等。

（2）分工明确，不同的工作有相应的人员负责，相互间配合顺畅、默契。当谈判对手是外国企业或人员时，谈判团队中需要配备专业的翻译人员，而且要聘请自己熟识并且非常专业的人士，不宜聘请对方推荐的翻译人员。由此推及对手的人员配备也相差无几，让收集对手资料变得有的放矢、事半功倍。同时，不要给对手推荐翻译人员，以免引起不必要的误会。

3.确定对手的具体分工

谈判之前要摸清对手的底细，弄明白对手的具体分工尤为重要。这样一方面可以确定谈判的主要负责人、谈判过程中不同的人所负责的工作等，找到比较容易达成谈判或者有决策权的人，找到他们的弱点；另一方面，根据具体分工分析对方的谈判方案，推断谈判中容易出现的问题，提高谈判效率与成功的可能性。

旗鼓相当甚至能力高于自己的对手，尽管会给谈判带来一定的压力和阻力，但一旦谈判成功，达成合作，会把个人和企业带到更高的层级。但是，短时间内可能看不出来什么效果，所以最重要的是做好当下，每次谈判之前了解对手的具体分工，据此分配谈判人员，制订相应的谈判方案，让谈判变得更加顺利。

谁才是可以拍板的人

参与谈判的人员应该包括各个层级，其中包括公司负责人。因为公司负责人有权代表公司在谈判中做出决策，对谈判能否顺利进行至关重要。由此及彼，我们在收集信息时，也应该找到对方团队中可以拍板的人。

一、谁是可以拍板的人

不少谈判人员会遇到这样的情况，已经谈了很长时间，而且进行得很顺利，到了要出结果的时候，对方忽然说要跟顶头上司汇报，之后再把结果反馈回来。也就是说，跟我们谈判很久的人没有决策权。不管前期谈得多顺利，只要拍板的人不同意，谈判瞬间崩盘。

可以拍板的人，在谈判中称为关键人。谈判一开始，我们就要找准对方的关键人，确定关键人在公司的位置，有没有决策权，或者有没有经过充分授权，可以在谈判中全权代表公司行使决策权等。找到关键人，才不会将时间浪费在无关紧要的人身上，才能让我们付出的精力得到回报。

除此之外，凡是可以拍板的人，在公司的层级往往比较高，工作经验、人生阅历比较丰富，心胸、眼界比较开阔，跟他们谈判，对提高自身能力很有帮助。

但可以拍板的人并不容易找到，很多谈判团队会隐藏关键人或者不设置关键人。隐藏关键人是为了在谈判中掌握更多的主动权；不设置关键人是为了有更高的权威给自己争取更多的思考时间。这是谈判中比较常见的谈判技巧。

为什么谈判中要使用这种技巧？举个例子。

假设在一场谈判中，你是关键人，对手发现你有决策权之后，会全力以赴来说服你。如果你答应了他们提出的条件，没有为己方争取到相应的利益，这场谈判对你来说就不太成功，甚至可以说是失败的。如果你告诉谈判对手你不是关键人，谈判结果需要汇报给领导，由领导决定，情况立刻就变得不一样了。

这时，你的对手可能会更努力地想要说服你，因为他们清楚地知道，只有先打动你，提供给你打动领导的材料，你才会说服你的领导。或者对手有可能中止谈判，迫使你的谈判团队中出现关键人，才会再次启动谈判。

反过来说，对手采用这种谈判技巧的目的也是一样的。我们要分析这种谈判技巧背后的意义，及时调整谈判思路，迫使对方出现关键人，尽快促使谈判成功。

二、怎么找到拍板的人

不管拍板的人是隐藏起来了，还是谈判团队中确实没有设置，想要谈判顺利结束，我们所要做的都是想方设法找到拍板的人。那么，怎么找呢？

1.试探对方

谈判一开始，我们可以试探对方是否拥有决策权，比如可以直接发问："您好，我想确认一下，如果谈判一切顺利，是否可以直接做出决定呢？"我们就是通过试探得到对方"我基本能做主"的回答。如果得不到这一回答，说明对方可能无法做主或者有其他想法，这时我们可以一边谈判，一边继续试探对方，然后根据实际情况调整谈判思路。

2.激发对方的自我意识

如果谈判对手没有关键人，我们可以尝试激发对方的自我意识，让他成为关键人的代言人，或者成为全力促成谈判的人。在激发对方的自我意识时，我们的态度一定要谦恭，比如可以说："相信贵公司会十分在意您的意见""贵公司通常会非常重视您的推荐，是吗？"如果是自我意识比较强的人，他的答案通常是肯定的，比如："对，公司十分重视我的意见，只要我这里没有问题，基本就没有问题了。""是的，公司比较重视我的推荐，不过保险起见，我还是要先征求公司的意见才能做决定。"一般只要对方这样回答，就表示他可以左右谈判结果，是谈判关键人或者说可以行使关键人的一部分权力。

还有一种情况是，对方本来就是自我意识非常强的人，这样找关键人就会很方便。比如，我们可以问一下对方："如果谈判顺利，您把方案提交给上司，他直接同意的可能性大吗？"自我意识非常强的人听到这样的话，如果他又是关键人，轻易就可以找出来。因为他们不太喜欢有更高的权威压在头上，所以会直接回答你："不需要，我可以做决定。"

3. 把负责人塑造为关键人

谈判中，关键人非常重要，如果对方隐藏关键人或者谈判团队中没关键人，我们可以把谈判中的主要负责人塑造为关键人。所谓塑造，不是把非关键人强行变成关键人，而是尽量让对方做出承诺，保证会在关键人面前全力、积极地促使谈判成功。

可以拍板的关键人如果不在谈判团队中，虽然会对谈判造成一定影响，但只要我们实力雄厚，所做的方案非常符合对方需要，这种影响便不会太大。因此，促使谈判成功，找出关键人是一方面，保证自己的产品足够好是另一方面。之所以还要积极寻找关键人，是因为找到关键人常常可以给谈判带来意想不到的效果。

另外，我们又该怎么避免对方找到我们的关键人，答案是模糊关键人。当你只负责谈判没有决策权，而对方恰巧问到的时候，你可以避开直接关键人，回答一个模糊的实体，比如不说"我回去跟经理／董事长……汇报一下"，而说"我需要跟营销部／策划部／办公室……讨论一下"，这样一来，会改变对方略过你而直接找关键人谈判的想法。模糊的实体让对方找不到直接责任人，但又不能跟另一个团队去谈，然后再费时费力地在那个团队里找关键人，做无用功。

摸清对方的底线

　　一场谈判成功的标准是什么？就是在不损害自身利益的前提下，拿出有利于对方的东西。简单来说，就是我们守住自己的底线，同时又给了对方想要的东西。那么，底线在谈判中扮演什么角色呢？我们先来看一个案例：

　　小陈是一位酒店用品的经销商，他发现自己有时会出现有生意做但却不赚钱的情况，经过分析，他发现问题就出在自己底线不明确上。

　　比如，有一次他和客户谈判，将对方需要的品种列好清单，然后给出报价。经过讨价还价，双方达成一致，签订合同。然而，在履行合同时他才发现，货物要从广州发到沈阳，路途遥远，而双方谈判时他忘了提出运费由客户自理。现在再来说运费的事情，客户肯定不愿意承担。为了维护客户关系，最后他只能自己出运费，这样一来，利润自然也大大减少。

可以这么说，谈判的实质就是双方探究对方底线的过程。底线是我们最后的防线。如果这道防线被突破，相当于谈判失败。所有谈判的终极目标都是双赢，只不过双赢的程度有差别而已。所有谈判方肯定都希望自己能赢得多一些，此时明确我们的底线和对方的底线至关重要。

一、明确自己的底线

谈判人员都知道谈判开始之前要摸清对方的底线，以此掌握谈判的主动权。但在此之前，先明确自己的底线也很重要。因为我们对己方信息比较清楚，只要注意以下几点，便可轻松明确自己的底线。

1. 设定范围

底线不是一成不变的，有时为了谈判顺利进行，从而达到合作共赢，适当对预定的谈判底线作让步，也是在情理之中的。比如在谈判中，常常涉及价格方面的问题。价格与利益直接相关，是谈判的要点也是难点，双方很容易因为价格谈不拢而导致谈判失败。因此，价格底线不能太高也不能太低，必须在正常的市场价格范围内找出双方能接受的价格，这就是设置底线的范围。在这个范围内进行谈判，才有谈判的价值。

设定范围时有两个要点：一是双赢，既要注意自己的底线，还要注意对方的底线，否则谈判会陷入僵局；二是找到让损失最小化，让利益最大化的点，将其设置为谈判的最优底线。

2.加固范围

设定谈判的范围之后，不要轻易抛出自己的底线，而应设置两条于己方更有利的"伪底线"加固范围，争取获得更大的利益。简单来说，就是你表明的底线，永远要比真正的底线高一些。不过，想要达到这样的目的，对谈判能力、技巧的要求也更高一些。

3.坚持底线

底线之所以被设定，肯定是经过资料收集、判断、研究之后得出的结论。所以，一旦设立底线，就要坚持下去，即使谈判陷入僵局，也要尽可能想办法坚持自己的底线。实在没有办法，可以建议大家放弃谈判。因为对底线穷追猛打的谈判方，就算你放弃底线，他们仍然会觉得有利可图，要求你再退一步。突破底线的谈判已经无利可图，没有必要再谈下去。幸运的话，放弃谈判反而可以置之死地而后生，让对方知道自己太得寸进尺，进而放弃自己的坚持，让谈判回归正轨。

总之，谈判中坚持底线很重要，千万不要让对方觉得给己方压力就能让己方让步。

二、摸清对方的底线

摸清对方的底线，清楚知道对方参加谈判的目的是什么，双方是否存在利益交叉点，谈判中应该使用的话术等，使沟通变得更顺畅，而且可以让我们掌握更多的主动权。那么，怎么做才能摸清对方的底线呢？

1. 先发制人

谈判时，为了谈出结果，总需要有人先亮出底牌，与其等待对方亮牌，不如根据己方收集的资料判断出来的底线先发制人，将主动权掌握在自己手里。这个底线抛出之后，根据对方的回答，我们可以再次判断对方的底线。

比如，我们把价格100万设定为对方可以接受的底线，如果对方回答"我们考虑一下"，说明100万是对方可以接受的，底线肯定在100万以下。此时价格底线再想变动就很难，我们可以在其他地方多争取一些利益。如果对方回答"这个价格我们无法接受"，说明我们已经突破对方的底线，需要通过谈判再次判断底线，或者诱导对方说出他们想要的价格，双方就新的底线继续谈判。

2. 推敲一下

谈判不是一锤定音，更多的是讨价还价，直到讨论出一个双方都能接受的结果。在这个过程中，我们要不断推测对方的底线。仍以前述的100万价格为例，如果对方能给出"我们考虑一下""这个价格我们无法接受"这种比较明确的回答当然好，但这种情况比较少，我们得到的回答往往是"100万？别开玩笑了，现在都200万了"。为什么会这样呢？

因为我们在试探对方的底线，同时对方也在试探我们的底线。此时，我们可以根据去年的价格、市场环境、行情、未来发展趋势等，跟对方讨价还价。在这个过程中，根据对方的回答，常常能够推测出对方的底线。

3. 善于总结

有时我们听谈判高手说话可能会一头雾水，因为为了试探对方的底线，他们都在"打太极"。所谓"打太极"，就是不给出明确的结果，所有需要结果的地方都是"我考虑一下""不太能接受"等回答。但无论怎么云里雾里，参与谈判的人都要知道，谈判中很少有废话，可能看似不重要的一句话背后都隐藏着深层意思，所以我们要在这种情况下摸清对方的底线，学习"打太极"的同时善于总结的本事。

总结并不难，只要用心剖析对方背后的意思，并把它们串联在一起，就能知道每个环节上对方的底线是什么。

以上介绍的摸清对方底线的三个方法相当于三个方向，让我们能够有的放矢，不至于找不到方向，关键是要多看谈判案例，同时结合实战，慢慢就能掌握摸清对方底线的方法。

真正到了谈判桌上，虽然谈判方都想说服对方调整底线，但只要各自的底线在对方的承受范围之内，可以权衡利弊维持最符合自身利益的底线，如此谈判成功的可能性也会大大增加。

弄清对方谈判的动因

医生治病，用药之前一定会先问诊，只有了解了病人的病情才能对症下药，治标治本。谈判亦是如此，需要针对对方的真实需求，做好充分的准备工作及应对策略，才能避免谈判陷入僵局甚至步入误区。

基于此，我们可以这样认为：了解和掌握对手的谈判动因是谈判得以成功的先决条件。唯有如此，才能更好地掌握谈判先机，赢得胜利。

一、为什么要弄清对方的谈判动因

谈判的初衷是为了获取自己想要的东西，满足自己的需求，如果这一需求得到满足后，谈判就变得可有可无。换言之，正是因为需求存在，谈判才应运而生。从某种意义上说，谈判动因在谈判过程中起着至关重要的作用，它不仅激发出我们参与谈判的动力，而且影响着谈判的最终结果。

因此，进行谈判之前，我们一定要深入地了解、掌握和分析对手的谈判动因，这样才能知己知彼，降低失败的概率。

> 小张是一名家境贫寒的在校大学生，虽然离毕业尚早，可他在大二这年成功说服一家外资企业的老总资助他大学期间的全部学费。要知道，这家外资企业从来没有过这样的先例。
>
> 小张之所以能够以谈判的形式，成功说服外资企业老总答应自己的条件，源于他在谈判之前了解和掌握了对方的谈判动因，经过一番分析，做好充分的准备。他先是以自己艰苦求学的经历唤起这位老总的内心共鸣，之后又向对方明确表示：若对方能够在经济上给予支持，帮助自己减轻压力并顺利完成学业，自己将会投入更多的精力到所学专业上，在毕业后为公司更好地服务。最终，小张如愿以偿。

小张之所以能够在谈判中轻松说服对方资助自己求学，原因在于他了解对方的谈判动因。作为外资企业的负责人，愿意亲自参与谈判，足见其对人才的渴望，再加上艰苦求学的经历引发的共鸣，使得小张顺利取得了谈判胜利，达成心愿。

由此可见，谈判之初了解对手的谈判动因，弄清对手为何而谈是十分重要的，它可以帮助我们有针对性地制订谈判方案与策略，助力目标达成。

二、对方的谈判动因主要有哪些

一般来说，常见的谈判动因分为以下几类：

1. 对方需要一个客户

当对方的谈判动因是想为自己争取一个客户时，这时我们的身份就变成了购买方，除了重点考虑产品的性能、质量、价格、售后等方面，还需要将自己的购买需求清楚无误地传达给对方，以便对方提供有针对性的服务。当然，为了更好地保障自己的利益，我们还可以拓宽购买渠道，以备不时之需。

2. 对方需要一个战友

谈判的最终目的不是争个你死我活，输赢对错，而是双方精诚合作、互惠互利。基于此，谈判者应抛却敌对心态，将对方视为共同进退的战友，朝着目标一起前进，方能走得更远、更稳。

这种谈判动因主要以对方需要一个战友为基础，谈判双方势均力敌，又能优势互补，以双方共同发展愿景为支撑，秉承优势互补的原则，谋求更好的发展。在目前的谈判活动中，这种谈判动因较为常见。

2014 年 6 月，阿里巴巴集团与恒大集团共同召开了战略合作发布会。发布会上，两家集团负责人宣布将正式开启合作。作为恒大俱乐部战略投资合作伙伴，阿里巴巴此次将以 12 亿元的注资换取对方 50% 的股权。发布会之后不久，广州恒大在其官方微博宣布：即日起广州恒大足球俱乐部有限公司将正式更名为"广州恒大淘宝足球俱乐部有限公司"。

由此可见，各集团公司之间为了谋求更稳固、更长远的发展，强强联合早已司空见惯。

3. 对方需要我们的帮助

在谈判过程中，当我们处于谈判主导地位且各方面条件都优于对方时，对方势必会寻求我们的帮助，这时就不要贸然出手了，只需耐心等待对方给出对我们有利的条件，以此作为交换条件。如果不满意，我们可以提出新的需求。

4. 对方需要某种产品

当我们的产品优势明显大于市场上的同类产品，或产品恰好能满足对方所有的需求时，我们要做的就是认真研究对方的购买动机，购买这款产品能为其带来什么好处，然后本着诚实守信的原则与对方谈判，便能提高合作的概率。

5. 对方希望继续合作

在双方合作快要到期的情况下，如果一方主动提出继续合作，说明前期合作还算愉快。这时，因为之前融洽的合作关系，继续合作不会有太多的阻碍。

6. 对方希望解除某种合作关系

如果双方合作愉快，对方会希望继续合作，在这种谈判动因下，后期合作也会一如既往地顺利。反之，如果双方在之前的合作中不太愉快，此次对方是奔着解除合作的目的而谈判，我们应当本着好聚好散、买卖不成仁义在的原则，与对方握手言和，减小解除合作带来的负面影响以及损失。

总而言之，所有的谈判都是建立在有需求的基础上的，有需求才会有谈判。谈判者只有在谈判之前弄清对方的谈判动因，才能知己知彼，做好准备工作与应对策略。

第三章　博弈

谈判桌上论胜负，就比谁的功夫做得足

☑　消除戒备，获得对方的信任和好感

☑　用心揣度，洞悉对方的真实需求

☑　深藏不露，为成功添加砝码

☑　以静制动，通过巧妙提问占据主动

☑　管理情绪，在非理性的世界里理性谈判

☑　双簧策略，"黑脸""白脸"一唱一和

消除戒备，获得对方的信任和好感

在谈判过程中，谈判双方往往会怀有一种戒备心理。这是因为，谈判本身就是一场心理博弈，在博弈的过程中，双方都不知道对方的真实动机。尤其是对初次接触的谈判双方而言，为了保护自己，也为了争取谈判成功，他们常常会选择将自己的真实情感和反应隐藏起来，保证自己的谈判策略不被对方看破。在这种情况下，这场谈判对双方而言都是非常艰难的。

首先，出于戒备心理，对方刚开始时会用丝毫不带情感的外交辞令与我们周旋，表面风轻云淡，暗地里冷眼观察我们的一举一动，让我们看不清其意图，出现稍不留神就被对方看清我们的意图的状况。

其次，出于戒备心理，对方可能还会在最开始对我们唯命是听，但当我们信以为真、以为时机成熟的时候才做出令我们措手不及的举动。

无论是上述哪一种情形，都不是好的谈判开局。

因此，谈判时，我们要学会的第一个策略就是消除对方的戒备心理，获得对方的信任和好感。要做到这一点，可以从以下几个方面着手：

一、表达自己的诚意

美国一位学者做过一个实验，列举出 500 个描绘人的个性品质的美好词语，然后从不同行业中挑选不同年纪的人，让他们选出自己最喜欢的个性品质的词语，并说明喜欢的程度。

结果显示，在这些词汇中，排在前六位的词语分别是真诚、诚实、理解、忠诚、真实、信得过。这些词汇都与真诚有关。

这个实验很好地说明，在现实的人际交往中，人们大多喜欢与真诚的人交往，也往往会将真诚作为与人交往的基础。

作为人际交往的一种，谈判也不例外。要想消除对方的戒备心理，让谈判朝着自己预期的方向发展，在谈判过程中一定要以诚相待，赢得对方的好感和信任。

具体来说，可以从以下两个方面着手：

1. 真诚地关心对方

一位知名的社会学家说过："人最关心的是自己，而且希望他人也关心自己，就好比他拿起一张有他在内的集体照片，他首先看到的是自己。"这个道理在谈判中同样适用。当我们与谈判对象初次见面时，要以寒暄、问候的形式表达对对方的关心和重视，营造真诚友好的谈判氛围。在谈判过程中，我们要时刻关注对方的动态、情绪，做到不留痕迹地、真诚地关心对方。

因为人与人交往时，对方通常会从你对他的友好和关心程度，来决定自己对你的友好和关心程度。所以，要想对方消除戒备心理，我们首先要真诚地关心对方，让对方感到我们是值得信任和合作之人。

2. 从对方的利益出发

谈判时，我们必须明确一点：谈判不是决斗，最好的谈判结果是双赢。

从本质上说，之所以进行谈判，是因为双方希望通过博弈，为自己争取最大的利益。角斗有胜负之分，所以角斗双方为了取得胜利，通常会不择手段。但谈判桌不是角斗场，谈判的目的不是为了分出胜负，而是为了尽最大可能找到一个让双方都满意的平衡点。

因此，我们不能只盯着自己的利益不放，更不能为了自己的利益而不顾对方的利益。只有当我们时刻关心对方的利益时，对方才愿意放下戒备，接受我们的方案，实现谈判的双赢。

反之，如果我们时时刻刻从自己的利益出发，不为对方着想，对方在一次次利益受损的情况下，会不断提高警觉，加强对我们的戒备？

　　有个企业家出价 10 万元，计划承包某村庄的一个快倒闭的煤矿厂，在那里重新开一家工厂。但是煤矿厂负责人却坚持要 30 万元，企业家觉得自己给的价格已经够高了，负责人还不满足。由于双方分歧太大，谈判陷入了僵局。一天中午，企业家开车从这个村庄经过，发现工厂附近有很多村民在捡拾未燃尽的煤渣。他突然想到，没有了工厂，就等于大量村民失去了经济来源，烧水、做饭、取暖都需要煤炭，都需要钱。企业家以村民的利益为出发点，重新想出了一个方案。他诚恳地对负责人说："我知道你们这里生活的难处，你看这样行不行，工厂建好以后，可以让村里的人去工厂里打工，这样既能学到些技术，农闲的时候还可以到工厂里挣点零花钱。"负责人也认为这是一个可行的方案，既能拉动经济、带来利润，还能解决当地就业问题。几天后，企业家如愿以偿以 10 万元的价格承包了工厂。

实战经验告诉我们，大多数时候，决定谈判成败的往往不是谈判者的智慧或策略，而是谈判者是否具有诚意，能否做到以诚相待。

二、言必行，行必果

谈判时，要想消除对方的戒备，除了真诚相待，还要做到言必行、行必果。

我们知道，人与人之间的交往是以信用为前提的，谈判也不例外，如果缺少信用、失去信任，结果一定是失败。反之，如果对方能够信任你，就会消除对你的戒备心理，使谈判能够更顺利地进行，最终达到一个令人满意的结果。

关于这一点，大家都熟悉的商鞅变法就是最好的示范。

商鞅在秦国推行变法时，刚开始并不顺利。后来，他想了一个办法，在南门城外立了一根三丈高的木柱，并许诺：谁能将木柱子搬到北门，谁就能得到十金的赏钱。最开始，围观的人都感到疑惑。后来，商鞅增加了赏金，这时便真的有人前来挑战，把木柱子搬到了北门。商鞅信守承诺，给了赏钱。这一举动，让大家觉得商鞅是一个言必行、行必果的人，对他产生了信任。由此，商鞅的变法也赢得了人们的拥戴，在秦国顺利推广。

从商鞅变法的故事可以看出，在人与人的交往中，信用非常重要。试想，如果你在谈判中不守信用、出尔反尔，对方又怎么会放心地和你谈判、与你合作呢？因此，无论你是什么风格的谈判者，首先必须坚持的原则就是信守承诺。

三、不要自我封闭

在谈判过程中，许多谈判者习惯于把自己的真实情况隐藏起来，甚至故弄玄虚，让对方感觉难以捉摸。事实上，很多时候这种故意遮瞒的谈判方式不仅起不到蒙蔽对手的作用，反而会引起对方的反感，令对方心存戒备，产生抵触和厌恶情绪，不利于谈判的顺利进行。

相比遮遮掩掩的谈判方式，以诚相见、开诚布公的谈判风格反而更容易打动谈判者，让谈判变得更加顺畅、更有成效。

下面我们来看一个典型案例：

王经理是一家企业的负责人。他刚接手这家企业的时候，企业亏损非常严重，其中一个重要原因是人员复杂，编制冗余，员工生产积极性不高。为了解决根本性问题，王经理做出了裁员的决定，但是，要达成这一目标并不容易，裁员问题稍微处理不当，就有可能引起动荡。

王经理决定先召开一次裁员动员会，和员工进行一次谈判，争取最大限度地减少企业损失。在这次谈判中，他没有采取强硬的谈判方式，而是开诚布公地与工会进行交流。

首先，进行谈判前，王经理吩咐企业工会收集公司员工的家庭资料，把公司的情况告诉这些员工及其家人，详细说明公司裁员的必要性和苦衷，同时也让员工知道王经理非常尊重他们。

接着，王经理又和领导班子一起商量制订了一个双方互利的解雇方案，明确告知员工，如果这次不采取裁员，未来公司的亏损不可估量，可能造成更大幅度的裁员。

采取了一系列举措后，该企业员工对企业的经营困难有了一定的理解，对于公司的实际情况和裁员的必要性有了更深刻、更全面的了解，开始权衡离职的利弊。

后来，在与员工的进一步谈判中，王经理又采取直截了当的方式，对工会和员工晓之以理、动之以情，把公司目前的情况以及未来规划毫无保留地告知员工，如此一来，员工的疑虑和不满消除了，心悦诚服地表示同意配合公司的举措。

在这个案例中，正是因为做到了开诚布公，王经理既表现出公司对工会领导的尊重，又推心置腹地道出自己的难处，使员工的戒备心理彻底得到解除，与公司真正产生了信任，从而使问题顺利解决、协议成功达成。

由此可见，要想消除谈判对象的戒备心理，保证谈判的顺利进行，谈判者要做到不封闭自我，与对方坦诚相见、开诚布公，是非常重要的。

用心揣度，洞悉对方的真实需求

很多时候，当谈判陷入僵局时，用心洞察并满足对方的需求，往往是打破僵局、促使谈判成功最有利的武器。

因此，我们可以将人们的内心需求视为谈判成功的先决条件。正如美国著名谈判专家尼尔伦·伯格所言："任何谈判之所以会进行，是因为要满足人们的某种或几种'需求'，正是它们决定了谈判的发生、进展和结局。"

那么，需求究竟是什么？它分为哪几类？在谈判的过程中，谈判者该如何洞察对方的需求呢？

一、谈判需求的定义及分类

所谓需求，就是人们内心对某种事物的渴望，即在自然层面与社会层面的客观需求。

美国心理学家亚伯拉罕·马斯洛在 1943 年提出了著名的“马斯洛需求层次理论”，清晰地对人类需求的分类：

1. 显性需求（物质需求）

（1）生理需求

人类最原始、最基本的需求是生理需求，包括衣、食、住、行等，它是人类在地球上赖以生存的基础，也在一定程度上推动人类进步与社会发展的步伐。

（2）安全需求

安全需求是人们对生命、财产、职业等的需求，只有当这些需求被一一满足，人们内心才能趋于稳定，毫无后顾之忧地投入日常的生活、工作和学习中去。

2. 隐性需求（精神需求）

（1）被尊重的需求

被尊重的需求细分为四类：一是和自尊有关的需求，如人们在自尊、自信、自我认知、自我表现和能力方面的渴求；二是和他人有关的需求，如希望成为一个受人尊敬的人，在他人心目中占有举足轻重的位置；三是对名誉和地位的需求，这种需求是建立在生活需求的基础上，即生活需求得到满足后衍生出对名誉、地位的精神需求；四是对自由与独立的需求，如追求人生自由、经济自由等，在追求自由的过程中实现自我价值。

（2）社交需求

社交需求，即希望能融入某一特定的圈子，得到周围人的认可并参加集体活动，获得内心的归属感。

不管是爱他人还是被他人爱，爱与被爱的需求都能促使人们在爱的滋润与感召下，帮助他人并得到他人真诚的回报，以此赢得好感并获得社交需求的满足。

（3）自我价值实现的需求

每个人都希望将自己所学的知识与拥有的技能发挥出最大价值，在实现自我价值的过程中感受到快乐。因此，人们对于自我价值的实现会表现出一种强烈的精神需求。

（4）求知及追求完美的需求

对求知及追求完美的需求，会促使人们对知识的渴求更加强烈，力求将所有事情做到尽善尽美。但并不是所有人都能如此，而且每个人对完美的追求程度更多地取决于自身对生活态度与价值方面的需求。

二、三眼并用

我们知道，谈判产生的根源是谈判双方想从对方手里获取自己想要的东西。基于此，我们在谈判时就要仔细观察，用心揣度，利用自己的"肉眼""心眼"和"天眼"，洞悉对方的需求，增加谈判成功的概率。

从字面意思来看，"肉眼""心眼"和"天眼"并不难理解，是指人们对身边事物的观察、感知及分辨能力。比如，用"肉眼"可以发现对方的显性需求，用"心眼"可以洞悉对方心底的需求，用"天眼"可以进一步预见对方求知的需求。

1. 用"肉眼"观察对方的显性需求

一般来说，对方的显性需求通过"肉眼"观察便能一览无余。比如，对方明确表示自己肚子饿了，此时"饿"就成了对方的显性需求。对于这部分需求，我们可以将其比喻为暴露在海平面上的冰山一角。

2. 用"心眼"洞悉对方的隐性需求

当谈判者通过"肉眼"发现暴露在海平面上的冰山后，海平面之下往往还隐藏着很大一部分冰山，这时就需要运用自己的"心眼"，充分挖掘隐藏在海平面之下的冰山。

比如，发现对方"肚子饿"的显性需求后，我们邀请对方共进午餐，对方可能会表示"此时我又不饿了"，这时不要忙着生气和指责，应迅速运用"心眼"洞悉对方隐藏在心底的需求，探究对方的真实需求。事实证明，探究对方的隐性需求往往更具真实性，更有助于我们挖掘隐藏在海平面之下的冰山。

3. 用"天眼"预见对方未知的需求

作为谈判者，除了运用"肉眼"和"心眼"挖掘对方的显性与隐性需求，还要拥有一双能预见对方未知需求的"天眼"，走一步看三步，抢占更多的先机。事实上，"天眼"早已成为谈判者必备的技能之一，可以更好地帮助谈判者洞察先机，有针对性地满足对方的需求，为谈判成功做好充分准备。

假设在谈判中我们是供方，在与对方谈判前不妨先问自己几个问题：他为什么要购买这件产品？他想从中获得什么样的利益？他希望从这件产品或服务中得到什么样的体验？在我们给对方宣传和提供的产品性能、服务中，对方能看见的显性需求有哪些，看不见的隐性需求有哪些？我们要用什么来打动他？

显性需求是显而易见的，能让对方一览无余、真实感受到的，包括产品的性能或服务；隐性需求是对方不能轻易发现的，包括心理感受、愉悦感，受到的肯定和尊重，背后带来的荣誉及地位等。

我们在谈判前不妨先认真思考一下上述问题，找出问题背后的真实答案，只有这样，才能针对对方的显性需求与隐性需求制订相应的谈判策略，在谈判中占据主导地位。

深藏不露，为成功添加砝码

要想谈判成功，谈判者不仅要具备娴熟的谈判技巧、巧妙的谈判用语，还要学会深藏不露，不在对方面前轻易露出自己的底线，如此才不会让自己陷入被动，被对方打压得毫无招架之力。

一、隐藏自己，不给对方打探自己底细的机会

所谓隐藏，就是在谈判过程中时刻注意自己的言行举止，不给对方打探自己底细的机会。

日本松下电器创始人松下幸之助在创业之初，就经历了一件因言语不慎而被对手打探到自己底细，导致生意受损的事。

当时，松下幸之助到东京与某位批发商谈判，刚一见面，

对方就热情地拉着松下幸之助的手说道："我怎么看着你特别面生，好像没有见过你。"在批发商的热情攻势下，松下幸之助实话实说："我是第一次来到东京，今天是我们第一次合作，希望接下来我们能合作愉快。"

松下幸之助看似平常的回答，批发商却从中获取了一个重要信息——对方初来乍到，是个做生意的新手。紧接着，批发商问起产品的价格，松下又如实回答道："每件产品的成本价是20元，销售价是25元。"

在谈判过程中，批发商了解到松下幸之助是初次来到东京做生意，人生地不熟，但内心迫切想要拥有更多销售渠道来打响自己的产品知名度。于是，批发商开始有意压价。他对松下幸之助这样说道："刚到一个陌生的地方，人生地不熟，应该薄利多销，让自己的产品被更多的人所熟知，盈利对现在的你来说是次要的。再者，第一次合作，我也不太清楚你的产品质量，首先你得拿出足够的诚意来打动我，我们才有可能发展为长期合作伙伴。这样吧，你的产品就按成本价给我，我来给你做广告，只要产品质量有保障，后期我们就继续合作。"

就这样，经验不足的松下幸之助一开口就暴露了底牌，在谈判中错失先机，使自己处于不利位置。

究其原因，就是松下幸之助在与批发商谈判的过程中言语不慎，让对方有了可乘之机，轻而易举便打探到自己的底细，以至于在接下来的谈判中失去主动权，让对方抢占先机。试想，如果松下幸之助当时有所防备，不轻易暴露出底细，自然就不会失去谈判的主动权。

"害人之心不可有，防人之心不可无。"虽然我们在为人处世中讲究坦诚相待，但在谈判过程中，毫无防备的坦诚只会给对方可乘之机。因此，谈判者要学会隐藏自己的真实信息，不给对方打探自己底细的机会。

二、藏巧露拙，让对方放松警惕

在谈判中假装糊涂，让自己看起来不那么聪明，可以更好地化解对方的咄咄逼人，营造一种"这个谈判对手很好对付"的假象。这样一来，对方便容易放松警惕，我们也能趁着对方扬扬自得时将谈判话题引到有利于自己的方向。

因此，很多谈判者时常把难得糊涂作为人生座右铭，总是恰如其分地在关键时刻装糊涂。那么，在谈判过程中，该如何装糊涂，做到有效地藏巧露拙呢？

举例来说，我们可以在谈判中说一些"你刚刚说的什么，我没听明白，能劳烦你重新说一遍吗"之类的话语，让对方误以为遇到了一个头脑简单、四肢发达的人，借此降低对方的竞争意识。

日本一家航空公司的三位代表，与美国一家企业进行了业务谈判。会谈从早上 8 点开始，进行了两个半小时。美国代表以压倒性优势领先日方代表，他们用图表解说、电脑计算、屏幕显示、各式的数据资料来回答日方提出的报价。而在整个过程中，日方代表只是静静地坐在那里听着，一句话也没有说。

介绍结束后，美方代表关掉机器，重新打开灯光，充满信心地问日方代表："你们认为如何？"

一位日方代表温文有礼，面带微笑地说："我们不明白。"

美方代表的脸色顿时变了，吃惊地问道："你说不明白是什么意思？哪里不明白？"

另一个日方代表也斯文有礼地笑着说："都不明白。"

美方发言人的心脏几乎要停止跳动，他问："从什么地方开始不明白？"

第三位日方代表以同样的方式，慢条斯理地回答说："从你将会议室的灯关了之后。"

美方代表松开领带，斜倚在墙上，喘着粗气说："你们希望怎么做？"

日方代表异口同声地回答："你们能再重复一遍吗？"

美方代表彻底丧失了信心，谁有可能将秩序混乱而又长达两个小时半的介绍重新来过？因为士气受挫，美国公司最后不惜代价，只求达成协议，要价被压到了最低。

需要注意的是，在实际操作中，装糊涂也要把握一个度，表面装傻，内心一定要保持警醒。否则，一味地装傻，不仅起不到麻痹对方的效果，还会使对方感觉自己没有受到尊重。更重要的是，如果不小心让对方知晓你装糊涂的真实意图，势必引起其不满，导致谈判破裂。

三、利用逆反心理，隐藏自己的真实目的

每个人都有逆反心理，会不自觉地对他人产生不信任感。在谈判中，我们不妨巧妙利用对方的逆反心理来隐藏自己的真实目的。

所谓逆反心理，就是当客观环境与主体需要不一致时产生的一种心理活动，在心理活动的驱使下，人们会爆发出强烈的不满来加以抵触。

比如，当人们看到夜市地摊上物美价廉的商品，第一反应肯定是黑作坊生产的"三无"产品；当人们见到没有任何名气的化妆品，也会产生一种"质量不行，肯定是假货"的想法……

不难看出，逆反心理会使人们做出不合常理的事情，或者产生敌对情绪。谈判时，如果我们能巧妙地利用对方的这种心理，故意做出一种姿态，好像某项要求或者条款对己方非常重要，但

真正的目标却恰恰相反，我们就可以为自己争取到更大的胜算。

　　小李的汽车用的年头不短了，最近经常有汽车销售员来向他推销，极力劝说道："你的车这么破旧，实在有失身份。""你这车换过太多零件了，还不如用这些钱买辆新的。"

　　这些话让小李心里感到不太舒服，心想：你们不就是想我让买车吗，我偏就不买！所以，那些销售员一个个满怀希望而来，空手而归。

　　这天，又有一个汽车销售员上门，不过，他没有极力游说小李买车，而是说："你的车保养得不错，再用上个一年半载也不成问题，现在换车未免有点可惜，我看还是过段时间再说吧！"说完，他递了自己的名片给小李，然后便离开了。这个销售员的做法，使小李的抵触心理消失了一大半。几天后，他便联系那个销售员，很快订了一辆新车。

　　在这个案例中，汽车销售员不建议顾客买车，结果顾客反倒自愿买了一辆车。这是因为销售员深谙顾客心理，一反常规做法，消除了顾客的抗拒情绪，有时还会激发顾客"你不卖我偏买"的逆反心理。由此可见，谈判时对方的逆反心理对我们来说并不完全是阻碍，有时候反倒可以成为我们达成真实目的的契机。

以静制动，通过巧妙提问占据主动

有人说，做人、办事的最高境界莫过于以静制动。对于谈判而言，便是通过巧妙的提问弄清对方的真实需求，掌握对方的心理状态，表达自己的观点，从而在谈判中占据主动。

那么，在谈判中，恰到好处的提问究竟能起到什么作用呢？我们又该怎样提问呢？

一、谈判中提问的重要性

谈判中，提出适当问题的重要性主要表现在以下方面：

1. 活跃气氛

谈判的本质是沟通，若沟通不畅，谈判势必无法顺利进行。但是，在谈判双方不太熟悉的情况下，如何才能更好地通过沟通来了解对方呢？

很简单，我们可以以征求询问的方式来增强沟通，一问一答间，不仅能活跃气氛，博取对方的好感，还能发现双方在谈判中产生的分歧，可谓一举两得。

2. 获取信息

谈判时，谈判双方往往对对方提出的问题存有异议，因为双方都是从自身利益出发来看待问题的。这种情况下，谈判双方为了更好地达成目标，会采用虚实结合的方法表达自己的看法，这时就很难准确获悉对手的相关信息。

反之，若能主动出击，通过巧妙提问打探对手的真实需求，便有机会从对手的回答中发现蛛丝马迹，以此挖掘和判断对方的信息。

3. 传递信息

在提问的过程中，有的谈判者往往不注重细节，以至于在通过提问获取对方信息的同时，无意中将自己的感受与信息透露给了对方。

例如，"你们公司销售的产品，质量真的有保证吗？"这个提问看似要求对方保证产品质量可靠，但同时也向对方传递了这样一种信息：我非常重视产品质量问题。

4. 引导方向

提问不仅引导着谈判话题的走向，还能进一步控制谈判的进程。谈判者若能掌握这个关键因素，便可促使谈判话题朝着有利于自己的方向进行。即便在此过程中发生一些不愉快的事情，导致谈判气氛陷入紧张，也不必过于焦虑，试着放慢速度让大脑冷静一下，为自己争取时间重整思路，掌握谈话的主动权。

在一场商业谈判中，双方因为价格问题迟迟无法达成一致。买方经过精心策划，提问道："请问，当一件产品所需的原材料开始降价，那么，随着成本的下降，其价格是否应该降低呢？"

"是的，毫无疑问！"

"当一件产品的包装改用简易包装，那么它的价格是否应降低呢？"

"是的！"

"既然如此，你方在产品原材料价格大幅下降，产品又改用简易包装的情况下，为什么还坚持原来的价格呢？"

卖方无言以对，只得应买方的要求降低产品价格。

二、如何巧妙向对方提问

谈判中的提问技巧对谈判结果起着非常重要的作用。那么，谈判者具体该如何提问呢？以下方式值得借鉴：

1. 问自己感到疑惑的问题

通常提问人可以大致划分为两种类型：一种是内心想问，但行动上却故步自封，认为自己的想法才是真理；另一种是不断抛出问题却始终没有抓住重点，因为提出的问题与实际需求永远都是风马牛不相及的。

谈判者如果觉得自己是以上类型中的任意一种，提问前不妨先问一问自己究竟想要了解什么。确定好自己想要提问什么后，才能在问题中找到答案，为自己答疑解惑。

2. 问对方容易回答的问题

哪些是对方容易回答的问题呢？比如："听说你前段时间休假了，玩得愉快吗？"这类与谈判主题毫无关联的话题，可以缓和紧张的气氛，使对方放松警惕。这一策略尤其适用于急性子的谈判对手。如果在谈判一开始就直奔主题，提出一些核心问题，可能会引起对方反感，因为在谈判的初始阶段，这类核心问题确实不好回答。

因此，问一些与谈判主题无关的话题，不仅方便对方回答，还能缓解紧张气氛，拉近双方的距离。

3. 在对方发言之后提问

谈判中在对方发言完毕之后再提问，既可以表示自己对对方的尊重，又可以避免操之过急而曲解对方的意思。在对方发言过程中，我们可以将自己想要了解和有疑问的问题归纳起来一并提问，如此也方便自己认真、详细地了解对方的真实意图。

4. 不要在短时间内对某一话题反复提问

谈判中，如果对某一话题一知半解，不要过于心急在短时间内反复提问，最好的办法是暂且搁置，寻找恰当的时机再发问。

中途间隔一段时间再提问，当对方给出的答案与第一次有所出入时，可以继续追问，并请求对方加以说明。需要注意的是，这种反复提出的问题要与谈判相关且比较深入，否则只会浪费彼此的精力与时间。

5. 满不在乎地询问

不经意的询问，往往更容易打探到对方的信息。比如，中途休息时装作若无其事地询问对方：

　　　　"不知贵公司领导对此次拟定的价格有何异议？"

　　　　"没有什么异议，他们还比较满意。"

　　　　"听说我们这款灰色的产品在贵公司大受欢迎，喜欢灰色的人要多于喜欢白色的。"

　　　　"还好吧，两种颜色都挺受欢迎的。"

中场休息时段，谈判双方由于情绪较为放松，往往会在对方若无其事的询问下吐露心声。若能巧妙利用这一提问技巧，或许能拥有意想不到的收获。

6. 在自己发言前后提问

谈判中，谈判双方就各方观点与看法进行发言论述很正常。因此，我们可以有效利用发言前后的空隙时间提问，在争取主动的同时，又能避免对方从中接话，影响自己的发言。对于此类针对对方发言的提问，我们可以通过设问让自己占据主动，比如：

"您刚才的发言充分说明一个问题，不过我对这个问题的理解是……"

"您对产品的质量和价格做了详细透彻的分析，但对售后问题还没有做出明确的定论，对此，我先谈谈自己对此事的看法，您听完后再看看是否合乎您的要求。"

将自己的观点与看法完整表述之后，为了让对方顺着自己的思路考虑问题，此时不妨给对方抛出一个问题让其做答。比如：

"以上是我们公司的观点，您对此有何看法呢？"

7. 在对方发言停顿、间歇时提问

谈判时间有长有短，谈判者的发言水平也各有不同。在一场谈判中，如果对方发言冗长，或避重就轻，将过多的时间与精力放在一些不太重要的问题上，故意拖延谈判时间，我们可以利用对方发言中停顿与间歇的空隙提问，以便快速掌握有利信息，为自己争取更多的主动权。

比如，当对方停顿时，可以这样提问：

"不好意思，您刚才说的我不太明白，可否请您说得具体一些呢？"

8. 利用谈判中的辩论时间提问

谈判之前，谈判双方往往会就谈判议程设定好辩论时间，谈判者可以在规定的辩论时间内提问。因此要提前做好准备工作，预估对手制订的方案与策略，进行针对性地提问。

以上便是谈判中提问的技巧与方法，你学会了吗？

管理情绪，在非理性的世界里理性谈判

情绪是一个人内心情感的表达。这种表达将情绪分为正面和负面，正面情绪积极乐观，能激发人的想象力和创造力；负面情绪消极悲观，使人缺乏主动性和积极性，若不加以控制，会让人陷入恶性循环，逐渐偏离原本的目标和方向。

谈判也是如此。如果我们以积极乐观的正面情绪与对方谈判，表达出"与您合作是我的荣幸"等正面语言，就能凭借这一印象提升对方的好感，降低谈判的难度。毕竟每位谈判者都希望能遇到一个乐观友好的谈判对手，进行和谐友好地谈判。

反之，如果我们在谈判过程中表现出悲观、愤怒、仇视、不满等，这些负面情绪也会间接传染对方。这种情况下，想要对方认可、信任你，对我们产生好感，谈何容易？当双方带着负面情绪上场谈判，自然无法心平气和地将谈判顺利进行下去。

所以，在谈判过程中，如果我们能正确管理情绪，懂得在非理性的世界里理性谈判，将大大提升谈判成功的概率。

一、情绪变化的诱因

谈判之前，我们内心可能会无数次设想自己的谈判对手是一个通情达理的人。但想象终归是想象，一旦上了谈判场，我们就会发现对手与理性压根沾不上边，简直就是非理性。随着谈判问题的深入，对手的情绪变幻莫测。这不仅会对整个谈判氛围造成影响，同时也在一步步影响我们的判断。

实际上，谈判过程中出现情绪变化是有诱因的。正所谓有因必有果，要想彻底摆脱不良情绪的影响，首要任务就是知晓影响情绪变化的诱因，如此才能对症下药。

那么，影响情绪变化的诱因主要有哪些呢？

1. 愤怒

当负面情绪累积到一起时，人的内心就会异常愤怒，在怒气的驱使下，极有可能做出一些失去理智的事情，甚至不惜鱼死网破。

在谈判中，愤怒是最不理智的行为。丧失理智之后，谈判者会将谈判的目的抛诸脑后，为了一己私利与对手不断争吵。这样不仅解决不了问题，还伤了和气，得不偿失。

2. 威胁

人人都怕威胁，尤其是在谈判进入白热化阶段后，为了更好地保障自己的利益，有的谈判者会有意无意地释放出一些带有威胁的信号，企图让对方按自己的意图行事。殊不知，压迫越大，反抗越大。威胁并不能迫使对方就范，反而有可能激发对方的逆反心理，使对方的情绪受到影响。

3. 自卑

自卑是自己轻视自己，认为自己不如别人。过于自卑会使人变得敏感、脆弱，不敢大声说出自己的真实想法，害怕得不到他人的认可，因而影响谈判的正常发挥，导致谈判失利。

4. 自负

自负与自信一字之差，在本质上更是有着很大的区别。自信使人积极乐观，凡事向前看，拥有充分展现自我的能力；自负使人不可一世，目中无人，自以为了不起。恰恰是这种自以为是的优越感，轻而易举就能导致一场原本可以顺利进行的谈判失利。

以上便是谈判过程中情绪变化的诱因。只有了解了诱因，我们才能更好地帮助自己摆脱情绪的控制，做一个喜怒不形于色的理性谈判高手。

二、具备管理情绪的能力

众所周知，一个过于情绪化的谈判者无法专注于谈判目标并充满理性地去谈判。试问，一个连自己情绪都控制不好的人，谈判中如何厘清思路判断对方的情绪呢？如何逻辑清晰地阐述自己的观点与看法呢？恐怕很难。

要想避免受到他人负面情绪的影响，取得谈判的胜利，我们除了掌握谈判的技巧与策略外，还应努力培养管理情绪的能力。要知道，情绪管理不仅是认知和管理自己的情绪，也要认知和管理他人的情绪。做到这一点，谈判者就拥有了情绪管理的能力。

一般来说，情绪的认知和管理分为以下四个层次：

1. 认知自己情绪的能力

情绪是人们在外界事物的刺激下产生的一种反应，如喜怒哀乐等。不同的情绪代表不同的心理反应。要想管理自己的情绪，我们首先要具备认知自己情绪的能力。

2. 管理自己情绪的能力

谈判场上风云突变，上一秒温馨和谐，下一秒就可能剑拔弩张。如何在风云突变的谈判场上力挽狂澜，将谈判焦点围绕终极目标打转，考验的除了我们的谈判能力，还有管理自己情绪的能力。

　　小王是个机械制造商，有一次，他接到了一个大订单，在客户看过产品设计图样后马上投入了生产。不料产品出来以后，客户突然抱怨产品这里不行那里不好，认为不符合标准，所以他拒绝收货。

　　小王知道后，亲自检查了那些产品，发现完全符合之前双方谈定的标准，可能是客户有所误解。他决定亲自上门拜访客户，看看怎样解决这个问题。当他走进客户的办公室时，客户生气地对他说："那些产品我不要了，你看看怎么处理吧？"小王极力控制自己的情绪，冷静地说："没问题，你是买方，当然要买到自己满意的产品。不过，既然你认为我们的产品有问题，那么，请给我们一张能让你满意的产品图样，我们一定会生产出让你满意的产品，但你一定要付款。"客户听了小王的话，也渐渐冷静下来，最后说："好吧，可以继续生产，不过，如果再有任何让我不满意的地方，我是绝不会付款的，你说什么也没用。"

　　就这样，事情圆满解决了。后来，小王又接到了这位客户的几份订单。

3. 认知他人情绪的能力

认知他人情绪需要我们具备敏锐的洞察力，随时随地发现对手的情绪变化，洞察对手的心理变化，从而以不变应万变。

4. 管理他人情绪的能力

除了认知他人的情绪，我们还需要拥有管理他人情绪的能力，调节和带动对方的情绪，让一切尽在自己的掌控之中。

综上所述，优秀的谈判者除了具备谈判的各项技能外，更是一个集认知情绪、调节情绪、驾驭情绪于一身的高手。

三、有效管理自己的情绪

具备认知和管理情绪的能力后，我们应该如何有效管理自己的情绪呢？以下方法不妨一试。

1. 降低期望值

谈判开始之前，我们通常不太清楚对手究竟是什么类型的人，这时与其胡乱猜想，不如试着降低自己的期望值，以平常心看待对手，这样情绪才不会受到太大影响。

2. 不钻牛角尖

谈判中，当对方情绪激动失去理智时，很容易出现一些不礼貌的言语。如果我们缺乏定力，就很容易受到对方负面情绪的影响。这时千万不要钻牛角尖，为了一时之气而与对方争吵，应时刻提醒自己不要受他人情绪的影响。

3. 短暂休息，平复情绪

谈判过程中，如果感到自己的情绪受到影响，不妨短暂休息一下，让自己冷静下来，等心情平复之后再继续谈判。不然，带着情绪谈判很容易失去理智和判断力，使自己陷入被动。

总而言之，正确认知和管理好自己的情绪，才能避免受他人情绪的影响，更好地控制自己的情绪，如此才能在和谐的气氛下谈判，对谈判局势做出正确的判断。

双簧策略，"黑脸""白脸"一唱一和

谈判桌上常用的战术策略之一是"黑白脸"策略，"黑"是压力，"白"是缓和。在谈判中运用这一策略，可以在出现僵局时，及时有效地化解矛盾，促使事态朝向自己希望的方向发展。

不过，在谈判中，运用"黑白脸"策略所需的两名谈判者，千万不要同一时间出现在谈判对手面前。因为"黑白脸"一起出现，若"黑脸"给对手留下不良印象造成场面失控，一同出现的"白脸"很难挽救谈判局势。所以，为了更好地实施"黑白脸"策略，最佳的出场方式便是你方唱罢我登场，唯有如此，才能将双簧策略演到最佳。

一、"黑白脸"通力合作

谈判中，当我们想给对手施加压力但又不想引起对方的抵触情绪时，就可以运用"黑白脸"策略，"黑脸"与"白脸"通力合作，消除对方的不满与反抗。

比如下面这套话术：

> "公司采购部主管是个固执己见的人，谈判前他千叮咛万嘱咐，说对方如果定价低于 2000 元就免谈。我为了尽力促成两家公司合作，在主管面前费尽唇舌，最终他同意降低 200 元，将定价改为 1800 元，这已经是最低价了，真的不能再降了。"

由上可知，采购主管是"黑脸"，坐在谈判桌前的谈判者是"白脸"。如果我们是对方，对"黑脸"主管的做法感到可气，但听完"白脸"谈判者费尽唇舌争取到的价格后，内心是不是会对"白脸"谈判者心存感激呢？答案是肯定的。所以，"白脸"谈判者所说的最低价格 1800 元也算得上合理。

> 小伟打算购买一辆汽车代步，他看上一款售价为 30 万元的某品牌汽车。销售员接待他时，不但态度冷淡，而且在价格方面丝毫不肯让步。小伟正打算离开，销售员突然叫住他说："要不您先等一下，我带您去见销售主管，他今天刚好在店里。"小伟便跟随销售员来到销售主管面前。

见到销售主管后，小伟惊奇地发现，对方笑容可掬，言语和蔼，比销售员的态度好太多。

销售主管了解了事情的前因后果后，在电脑上一顿操作，然后又低头沉思了一会儿，说："我刚刚给总公司申请了下，对您看中的这款车型，决定破例以 28 万的裸车价卖给您，这可是史无前例的最低价格。"

此时，在小伟心目中，不仅"白脸"的销售主管看起来比"黑脸"的销售员和气，就连申请到的价格也十分合理。

通常，最先出现的谈判者会扮演"黑脸"的角色。"黑脸"在于激化矛盾，将对方心中那团代表不满与反抗的火焰激发出来，使对方产生一种"我不想和这种人谈下去"的感受。紧接着，"白脸"登场，扮演救火消防员的角色，负责熄灭对手心中的那团火焰。就这样，"黑脸"唱罢"白脸"登场，交替出现轮番上阵，直到矛盾化解，谈判达成。

需要注意的是，这种战术运用的最佳场景是在谈判对手想要通过谈判达成某项协议，否则当谈判对手意图借谈判寻求问题的解决途径时，是不会因"黑脸"差强人意的表现而中止谈判的。因此，我们在开始谈判之前，应设法了解对方的态度。如果对方抱着可谈可不谈的态度，"黑白脸"策略便不会奏效。

另外，通常谈判在己方的地盘上谈对自己最有利，但"黑白脸"

策略恰恰相反，它以对方地盘为最佳谈判场景。这种场景下，不管最先上场的"黑脸"谈判者采用何种方式激发挑战，对方基于"我的地盘我做主"的优越感与安全感，都不会产生过激的情绪反应，因此当"白脸"谈判者出场时，对方在态度和言语上也不会太过恶劣。

反之，若在自己的地盘上运用"黑白脸"策略，对方被最先上场的"黑脸"谈判者激怒后，很有可能拂袖而去或要求变换谈判地点。这样一来，"黑白脸"策略的效果恐怕就要大打折扣。

二、如何使用"黑白脸"策略

"黑白脸"策略的功效发挥得如何，主要取决于"黑脸"与"白脸"的通力合作。"白脸"登场的目的是利用"黑脸"之前故意制造的矛盾，做好救火消防员的工作。若"黑脸"的演技不到位，"白脸"自然也就没有登场唱戏的必要了，因此两者一定要相互配合，演好双簧。

对谈判者来说，面对谈判对手的蛮横无理，自己正打算放弃时，对方突然空降了一位"和事佬"。这位"和事佬"不但态度友善，而且很有耐心地解释他们按照公司建议来解决问题的原因。在此过程中，"和事佬"不停地释放一些甜蜜的恳求，请求你多多理解和包涵他们的苦衷。即便你对这位"和事佬"的说辞不屑一顾，不领情，但对方还是会慢慢地做出一些小的让步，将你推向他们所希望的那个方向。

　　表面上看，"和事佬"没有起到任何实质作用，实际上却依靠同理心在谈判中起着推波助澜的作用。试问，当一个人长时间与蛮横不讲理的人谈判且没有任何进展时，突然出现一个讲道理、明是非的人，你的内心是不是特别温暖呢？这种感觉就好像在黑暗中迎来了一束曙光，让人倍感兴奋。事实是，"和事佬"是有意释放烟幕弹，混淆你的判断能力。

　　"黑脸"出场激发矛盾，让事态失去控制；"白脸"登场收拾残局，让双方对结果都感到满意，最终收获皆大欢喜的局面，这便是"黑白脸"策略。如果我们能够善用"黑白脸"策略，再难的谈判也能游刃有余，坦然应对，轻轻松松成为谈判高手。

第四章　对位

针对不同对手，要用不同策略

- ☑ 与同事谈判：减少牺牲，消除误会

- ☑ 与父母谈判：敞开心扉，打开心结

- ☑ 与配偶谈判：解决矛盾，增进感情

- ☑ 与孩子谈判：关注需求，换位思考

与同事谈判：减少牺牲，消除误会

在职场中，与我们关系最密切、打交道最多的就是同事。因此，掌握与同事谈判的技巧和策略很有必要，这不但关系到我们是否能够有效地解决与同事间的利益冲突，化解不必要的矛盾，而且能够帮助我们及时消除与同事的误解，建立牢固的同事情谊。

一般来说，与同事的谈判可分为两种：与上司的谈判、与平级同事的谈判。

一、与上司的谈判

在职场，许多人出于种种原因，不愿意与上司谈判，即便是被逼无奈与上司谈判，他们的出发点往往是为了向上司证明自己没有过错。

尤其是对那些性格比较内向、平日里不善言谈的员工，他们更不愿意与上司谈判，只有到被某些问题压得实在受不了时，才会怀着忐忑的心情找上司谈判。遗憾的是，因为积怨已久或者牵扯到一连串的人或事，谈判效果往往并不理想。

说这些只是想说明一点，很多时候，与上司谈判很有必要，而且没有我们想象得那么困难。如果我们抱着解决问题的态度，把谈判作为解决问题的契机，往往可以有意想不到的收获。

那么，在与上司谈判时，我们应该怎么做呢？建议把上司当成盟友，把谈判的落脚点放在寻找解决问题的方法上，详细说明自己在解决问题的过程中所应承担的责任。比如，我们可以这样说："如果我把进度及时告诉你，将你急需的数据及时统计出来，这样你就可以不用整天催问我了，我们两个都安心。"

通过这样的方式和上司谈判，他们往往会更容易接受。

下面我们来看一个案例：

> 小王是一家大型企业的员工，最近一段时间，他一直在琢磨涨工资的事情，原因是和他同时期进单位的同事，基本上都涨了工资。
>
> 小王平日里本来就话比较少，对他而言，和老板谈涨工资这事非常棘手。一方面，他不希望因为这件事影响自己在上司心目中的形象；另一方面，他又希望和大家一样涨工资。就这样，小王犹豫了许久，始终不敢迈出谈判的那一步。

　　某天，趁着午休时间，小王鼓起勇气，走进了上司的办公室，他首先细数了自己加入公司以来的业绩及对公司的贡献，而后又直言不讳地向上司提出涨工资的要求。

　　对于小王的要求，上司显得十分平静，并没有如小王期待的那样肯定小王对公司的贡献，仅用一句"好的，我知道了，会考虑的"，结束了和小王的交谈。

　　事后，小王发现自己的工资果然涨了，但只是象征性地涨了100元。看着这涨的100元，小王哭笑不得，不知道究竟是哪个环节出了问题。

很显然，在这个案例中，小王和上司的谈判失败了。从上司只给他涨100元工资不难看出，上司其实并不愿意给他涨工资，这100元只不过是照顾他的面子而已。

在这个案例中，小王在谈判一开始就细数自己对公司所做的贡献，这是一种变相的邀功。上司一般对这样的行为非常抵触。所以，不论上司怎样选择，都会产生一种被要挟的感觉。于是，一件原本简单的事情变得复杂了。

如果小王能换一种方式，委婉地告诉上司涨工资这件事带给自己的困扰，并且表明立场，告知上司希望自己能和同批进公司的同事一样涨工资，那么在未来的工作中，自己将更加努力地工作，绝不辜负上司的期望，情况就可能大有不同。

总之，在和上司谈判时，最忌讳的是让对方感觉受到了威胁。正确的方式应该是把谈判的落脚点放在解决问题上，注意自己在表达意见时的语气和态度。

除此之外，最好能说明问题解决后自己能给上司和公司带来的好处，因为交换利益永远是谈判中最有效的筹码。拥有了交换的筹码，和上司的谈判就会变得更加顺利。

二、与平级同事的谈判

在实际工作中，我们不可避免地要和同事合作、相处，然而，由于理解上的偏差、沟通上的不畅、利益分配等问题，同事之间常常会产生冲突，这时就需要通过谈判来化解这些冲突，以免影响工作甚至整个公司的正常运转。

需要注意的是，同事之间的谈判与日常生活中的一般对话有很大区别。这是因为，平级同事之间的相处往往会受到公司制度的管理和限制。因此，当我们在工作中与同事产生摩擦或分歧时，可以通过正规渠道和合理方法来解决问题。这就要求我们及时、全面地了解公司的组织结构、管理制度等，努力融入企业文化。

此外，如果谈判之前我们能了解与谈判相关事宜的现实情况及自己的处境，谈判会更容易进行。

要做到这一点，我们可以从以下几点出发：

1. 从正式的组织或构架出发

从公司的正式组织架构出发，找出公司中适合受理陈情的相应政策。

2. 直接询问对方

要想了解同事的想法，直接询问无疑是最佳途径。要知道，平级同事的谈判从本质上说是一场面对面的坦诚沟通，因此，谈判之前开诚布公地询问对方是非常明智的选择。

事实上，很多时候，如果我们能在谈判前清楚地看到问题如何影响自己，并且能够让对方了解双方必须谈话的原因，问题就能迎刃而解。相应的，在这个过程中，我们能指出是什么事情给自己带来困扰，而不是过多地指责对方，这样同事之间的摩擦和问题才能得到圆满解决。

总的来说，如果平级同事之间不得不进行谈判，原因无外乎是对方的行为已经妨碍到我们的工作。此时，我们应该把焦点集中在对方的行为如何影响我们，以及如何解决问题上来。

与父母谈判：敞开心扉，打开心结

毫不夸张地说，与父母谈判大概是所有面对面交谈中最困难的一种。这是因为，"孝"是中华民族的传统美德，"百善孝为先"的传统思想在人们脑海中根深蒂固。因此，当我们在现实生活中与父母进行谈判的时候，困难就会被放大许多倍。

不妨回想一下，在现实生活中，你是否有过相同的经历：当我们还是孩子的时候，依附父母生活，完全顺从他们的管教。随着我们一天天长大，从一切听从父母的孩子成长为有独立思想、能独立生活的个人，我们对许多事情的看法也和父母有了分歧。

对于这些分歧，有时就有必要和父母进行谈判。然而，在谈判的过程中，已经习惯了我们完全服从的父母，却感觉不习惯了。父母依然希望能和从前一样，干涉我们的生活，替我们做决定。因此，我们与父母的谈判，似乎始终没有结果，甚至当谈判进入白热化阶段，还会与父母发生激烈的冲突。这也是因为我们在谈判过程中没有掌握正确的方法，坚守谈判的原则。

那么，在和父母谈判时，我们究竟该怎么做呢？

一、谈判必须以关爱和尊敬父母为底线

世上没有十全十美的父母。在我们成长的时光中，父母始终守候在我们身边，指引、帮助我们，带领我们一点点地走向成熟。

随着我们慢慢长大，渐渐地便不再需要父母的这种帮助。我们和父母也相应地从"小孩与父母"的关系变成"成人与成人"的关系。

此时，我们不再依赖父母，也不再像小时候那样凡事服从父母，而是有了自己的观念和判断。正因为如此，许多时候，为了反抗父母那种一味要求我们顺从的心理，我们与父母之间有了谈判。

但是，在谈判的过程中，我们必须坚守关爱和尊敬父母的底线。这是因为，父母是将我们养大成人的领路人，即便我们与父母已经不存在依赖关系，也还有永远割舍不掉的亲情和血缘关系。如果说小孩必须服从父母，那么已经成年的孩子则必须关心和尊重父母。

谈判时，如果我们不顾父母的感受，甚至践踏父母的尊严，和父母硬碰硬，那么，即便谈判成功了，父母也会非常伤心。反之，

当我们做到有理有据，关爱父母、尊重父母，我们与父母之间的矛盾和摩擦往往能够得到更好的解决。

二、与父母谈判时，先了解父母

除了要坚守关心和尊重父母的底线，在与父母谈判前，我们还必须了解父母。这种了解主要包括父母对其他人的劝告是什么态度，是大方接受还是根本不接受？父母是否具有很强的防卫心理？父母为什么会对我们专横管制？只有充分了解父母，我们才能做到有的放矢，达成更好的谈判效果。

比如，我们通过了解发现，父母在生活中具有很强的防卫心理，在谈判时可以试着这样说服他们：

> "每次和您谈话，都被您打断。我想您或许认为我根本不理解您，或是故意气您。其实，我真的不是这个意思，我想知道的是，您能不能听听我的心声，我已经长大了。"

在这段谈话中，一方面我们把父母防卫心很强的毛病挑了出来，另一方面也开诚布公地说出自己的心声。我们采用这样的方式和父母进行谈判，父母也更愿意从心底接受并理解我们。

此外，谈判时还要考虑父母的身体状况，如果父母身体状况不好，不宜采取过于激烈的谈判方式，否则可能导致严重后果。

三、将问题陈述清楚，尽量让父母保持理智

在现实生活中，一个有趣的现象是，很多父母通常能够接受别人的意见和建议，却往往无法接受自己孩子提出的意见。这是因为，在父母看来，孩子就应该顺从自己，绝不能违背自己。如果孩子与父母有不同意见，便是对父母权威的挑战。

那么，面对这种情况，我们该如何处理呢？这时应该将问题陈述清楚，尽量让父母保持理智。

比如，小曼就很好地做到了这一点。

小曼："妈妈，我每次给您提意见，您总是不高兴。"

母亲："因为你根本没有权利向我提意见。"

小曼："为什么我没有权利？仅仅因为我是您的女儿吗？"

母亲："那你说呢？再怎么说，你也是个孩子。"

小曼："可是妈妈，我已经长大了，今年已经19岁，是个成年人了。我有自己的看法和观点，我向您提意见也好，和您有分歧也好，那都是属于成年人之间不同观念的交流，绝不代表我想挑战您作为母亲的权威，更不代表我不尊重您。"

在这段对话中，小曼明确地表明了自己的看法和观念，并且做到态度诚恳、尊重母亲。相信经过这番对话，母亲会更理解小曼，

从而接受她的一些做法。

四、敞开心扉，将自己的想法告诉父母

与父母谈判的最后一个原则是敞开心扉，大胆地将自己的想法告知父母，不要有任何心理负担。

生活中有很多人因为感情因素的影响，跟父母说话时总喜欢拐弯抹角，甚至天真地以为：他们是我的父母，应该能知道我在想什么，所以不必直说。

事实上，这种想法并不正确。很多时候，由于观念和成长时代的不同，父母并不能很好地理解我们所说的话，此时我们就应该打开心扉，用父母能听懂的语言把自己的想法告知他们。只有这样，父母才能更好地理解我们。当然，在这个过程中，态度一定要温和。

总的来说，与父母谈判其实没有想象中的那么难，只要用对方法，掌握策略，一切便尽在掌握之中。关于和父母谈判的策略，总结起来只有一句话，那就是尽量把亲情和真理都融入谈判中去。要知道，在父母的晚年，如果你能通过自己的语言对他们的生活产生一些积极影响，那么对父母来说未尝不是一种福气。

与配偶谈判：解决矛盾，增进感情

婚姻是神圣的，也是易碎的。因为婚姻，男人和女人紧密结合，共同品味生活的甘苦，经历人生的百味。然而，再美好的婚姻，再和谐的夫妻，也不可避免地会产生分歧、存在矛盾。如何才能有效地解决这些分歧和矛盾，避免它们继续扩大，最终威胁到婚姻呢？

这个时候，通过谈判解决问题、化解矛盾，是十分明智的选择。

一、与配偶谈判的必要性

学会与配偶谈判，一方面可以快速有效地化解误会，消除矛盾；另一方面能够给幸福的婚姻打下坚实的基础，促进双方更好地成长。

1. 有效地化解误会，消除矛盾

毋庸置疑，从婚姻关系确立的那一刻起，婚姻中的两个人便被捆绑在一起，拥有了共同的生活和目标。虽然从本质上说，双方依然是独立的个体，但为了维系亲密、幸福的夫妻关系，双方都需要放弃一些各自秉持的观点，创造共同的认知。

这就需要通过谈判来沟通，使两个原本拥有不同观念、不同看法的人最终达成一致，有效消除分歧，在改变与成长中推动夫妻关系更加融洽、和谐。

2. 使夫妻双方变得更完美

从某种程度上说，谈判是一种爱的表达方式，它能够让婚姻中的两个人变得更完美。

我们知道，爱是最好的语言。在婚姻关系中，它能够让双方更加了解彼此，清楚地看到对方身上的优缺点。这就意味着，通过谈判，夫妻不仅可以更好地消除分歧、化解矛盾，也能够更好地帮助对方看清自己身上存在的问题，得到更好的成长。

从这个角度来说，谈判并不可怕，可怕的是明明意识到问题，却因为害怕影响夫妻关系避而不谈。实际上，谈判时只要方法得当，不仅不会破坏夫妻关系，还会让另一半更好地感受到我们的爱及无所不在的关怀。反之，如果明明发现问题却避而不谈，久而久之，问题就会被无限放大，最终发展成不可调和的矛盾，得不偿失。

二、如何与配偶进行谈判

在婚姻中，应该如何与配偶谈判呢？以下几点值得参考。

1. 改变自己，成为配偶的最佳伴侣

在婚姻中，我们为了成全更好的婚姻和更好的对方，适当地做一些牺牲和努力，未尝不可。

这里所说的牺牲和努力，主要表现在以下方面：一是尽可能地让自己成长，学会喜欢、关怀配偶的生活；二是正视自己的不良行为、不良生活习惯并努力改正。

当我们通过努力把自己变成一个乐于成长、全心投入、具有趣味、懂得生活的人时，伴侣往往会更欣赏、更尊重我们，也更愿意听取我们的建议。

生活中总有一些人希望通过谈判改变另一半，不客气地说，这样的谈判从一开始就偏离了方向。在这个世界上，没有人能够被另一个人改变，除非他自己愿意。谈判也绝不是为了改变对方，而是为了和对方共同成长，达成一致意见。

所以，我们不要试图去改变对方，而应该在谈判之前努力完善自己。当对方在生活中感知到我们的成长和变化时，才会更认同、更尊重我们，对我们的态度也会发生相应的改变。

2. 维护自己和另一半的关系

有人说："婚姻就像一株美丽的鲜花，需要双方用心呵护，用爱浇灌。"不可否认，相比于爱情的浪漫，每天都围绕责任、金钱、生活琐事打转的婚姻显得更平淡，也更无趣，但这不能成为我们忽略夫妻关系的借口。婚姻美满的一个重要秘籍就是夫妻要经常沟通，并且在这种沟通中，双方都应该努力维系与另一方的关系。

在这一点上，下面这对夫妻为我们做出了很好的示范。

丈夫："我真的无法接受这样的事情。你也知道，我是一个心里装不下事的人。现在它的存在已经影响到了我们的关系，这让我很苦恼。当然，我也能理解你的无奈，但我们能不能沟通一下，看看有没有可能找到一个两全其美的办法？"

妻子："什么都不要说了，你就说你爱不爱我？如果你爱我，为什么不能为我委屈一下呢？"

丈夫："你这样讲我真的很难过。我们能不能换位思考一下？你能不能站在我的位置，想一想我的感受？我很爱你，这一点是毋庸置疑的，但这件事已经影响到我们之间的关系，这也是真实存在的啊……"

不难看出，夫妻间出现分歧很常见，也并不可怕，重要的是你如何对待这个问题。沟通，站在对方的立场上思考，维护双方的感情，进而解决问题。

3. 善用夫妻之间的信任

信任是夫妻关系存在的基石。正是因为信任对方，两人才愿意走到一起，共同开启一段属于两个人的新生活。所以在谈判中，我们可以恰当地运用这种信任，委婉地告诉对方，可以充分信任自己。

比如，可以这样和对方说："我们是一家人，请你相信我，把这件事交给我处理，我一定会尽全力处理好的。"

这时，如果另一半还有些犹豫，我们可以进一步说服对方："你要明白，有些事情是你擅长的，有些事情是你不擅长的，我们正好互补。这些事情我能处理得更好，我解决和你解决不都一样吗？我们是一家人啊，难道你还不信任我吗？"

如果夫妻双方懂得善用彼此间的信任，就能发挥各自的长处，更好地维系夫妻关系，增进夫妻感情。

4. 坚持不懈，永不放弃

与伴侣谈判时，我们难免会遇到这样一种情况，那就是无论我们怎么努力，始终无法改变对方的初衷。这时应该怎么处理呢？

答案是坚持不懈，充分体现自己的耐心。如果一次谈不成，就进行第二次谈判。只要不放弃，总有一天我们一定会等来对方态度的转变。

家庭中最重要的关系，非夫妻关系莫属。因此，与配偶的谈判，其重要性丝毫不亚于商场上的商务谈判，理应受到充分的重视。

与孩子谈判：关注需求，换位思考

孩子是我们生命中需要无条件去关心、呵护的人。但是，很多时候，我们和孩子之间不可避免地会出现一些分歧，消除这些分歧的最好办法，就是用合适的方式与孩子谈判，让他们理解我们的观念，认同我们的说法，和我们保持一致的步调。

父母善于与孩子谈判并懂得如何与孩子谈判，才能更好地引领孩子成长，拥有更亲密的亲子关系。

一、站在孩子的立场考虑问题，从孩子的角度出发

生活中，我们可能会有这样的感受，有时孩子比大人更会谈判，因为相比于大人，他们更懂得认真观察谈判对手，然后投其所好。这也启发我们，要想与孩子谈判成功，就要学会站在孩子的角度考虑问题，努力去理解孩子的感受和观点。

强强的父亲最近很是苦恼，强强几乎每天都赶不上校车，他不得不每天开车送强强上学。这样一来，他的时间就变得非常紧张，早上稍微遇到一点特殊情况，上班就要迟到。因此，他希望强强每天能够按时起床，争取赶上校车。

为了达到这一目的，强强的父亲决定和强强进行一次小型谈判。在谈判中，他问强强："为什么每天不早点起床赶校车，非要爸爸送呢？"

强强回答说："因为想和爸爸多待一会儿。"

强强的回答，让父亲非常感慨。他没想到自己每天早出晚归忙工作，美其名曰是为了给孩子更好的生活，却在无形中压缩了陪伴孩子的时间。感慨之余，他内心充满了深深的内疚。

和强强的父亲关系要好的一位同事是公认的谈判专家，知道这件事后，提供了一个可供参考的解决方案。

按照同事的方案，强强的父亲当天下班回到家，对强强说："宝贝，我每天花半小时送你上学，一周下来就是两个半小时。所以，我每周六都要加班把这段时间补回来。这样一来，周六我就不能陪你了。你是愿意爸爸每天都送你上学，还是愿意爸爸周六在家陪你呢？"

强强不假思索地回答道："我愿意爸爸周六在家陪我。"

于是，强强的父亲继续说道："那我们约定，以后每天早上你按时起床，自己坐校车去学校，每个周六我不加班，在家陪你，好吗？"

强强高兴地答应下来。

在这个案例中，强强的父亲很聪明地将选择的权利交给了强强。他与强强之间的谈判，完全从孩子的角度出发，关注孩子的需求。正因为如此，强强才迅速被父亲说服，答应父亲提出的早起赶校车的要求。

从这个案例中，我们可以得到这样的启示：与孩子谈判时，只有充分关注孩子，从孩子的角度出发，谈判才更有说服力。

二、维护孩子的自信和自尊

可以肯定的是，孩子在独立生活之前都会强烈意识到自己比成人弱小，这也是很多孩子缺乏安全感的重要原因。父母很重要的一个职责，便是努力维护并尽量增强孩子的安全感。

因此，在与孩子谈判时，父母一定不能威胁孩子，而应努力维护和强化孩子的两道天然防御屏障：自信与自尊。当我们做到了这一点，孩子才会心甘情愿地接受我们的建议。

无数的实践经验告诉我们，当孩子的自信与自尊被父母无情摧毁后，在未来的很长一段时间里，都会对孩子的人生有负面影响，这种影响甚至会伴随孩子一生。

三、让孩子知道"哭闹"是下策

利用"哭闹"来达到自己的目的，是很多孩子喜欢使用的一招。孩子之所以这样做，恰恰是因为和成人相比，他们的沟通技巧尚不成熟，以为哭闹就可以解决一切。

面对孩子这一"撒手锏"，父母千万不要因为不忍心让孩子哭而选择妥协，满足孩子的无理要求。正确的做法是对孩子的哭闹冷处理，告诉孩子"哭闹"解决不了任何问题，并给孩子提供使用"上策"的机会：理解他、培育他。

四、倾听孩子说话

不善于倾听孩子说话，是很多父母与孩子谈判时常犯的错误之一。

这是因为，很多父母认为自己就代表权威，孩子就是孩子，什么都不懂，他们所说的话不用考虑。想想看，如果你说的话，别人根本不当回事，你会有怎样的感受？将心比心，你的感受就是孩子的感受。

所以，永远不要因为孩子小而忽略孩子的心声，剥夺他们说话的权利。要知道，孩子作为独立的个体，也有自己的想法。作为父母，我们应该学会给予孩子说话的权利，认真倾听孩子说话，这样才能真正与孩子进行良好的沟通，建立良好的关系。

五、多与孩子商量

凡事和孩子商量，是解决孩子缺乏安全感的一个有效举措。当我们和孩子商量的时候，实际上是把孩子摆在和父母平等的地位，给予孩子最大的信任和尊重。这种信任和尊重，会让孩子变得更加自信，更愿意相信我们，并且强烈地感受到父母的爱。

第五章　压制

全方位布控局势，形成步步钳制

☑　避实就虚、攻防俱佳，才能有效制敌

☑　善施压力，促使对方妥协

☑　步步蚕食，为谈判锦上添花

☑　掌握主场优势，增加成功概率

☑　善打时间战，为自己赢得主动权

避实就虚、攻防俱佳，才能有效制敌

谈判既可以是一种严肃的商业行为，也可以是一种充满智趣的游戏行为。谈判以说服对方、获取某种利益为目的，因此不能到推心置腹的地步。巧妙地隐藏自己的真实意图，是绝大多数谈判者采取的策略。一旦对方知道我们的真实意图，就会处于警惕、戒备状态，不利于我们达成自己的目标。

因此，隐藏自己的真实意图，掌握主动权，是谈判者获取谈判优势的有效手段。

一、善于引导对方思路

谈判时如果急功近利，往往无法理智地控制自己的行为，从而暴露自己的真实意图，使对方在谈判中对我们处处防范，甚至拒绝我们的提议。作为谈判者，应该用"泰山崩于前而色不变"

的气势伪装自己，以相应的策略引导对方的思路，掌握谈判的主动权。

　　一家经营某原材料的甲企业因资金短缺，需要尽快找到合作商购买自己的原材料，从而获得周转资金，避免因资金链断裂而破产。经过层层筛选，他们决定与乙企业进行谈判，以达成合作。

　　收集对方资料是谈判前双方必做的功课之一。乙企业在调查中发现甲企业正面临危机，便试图通过这一点在谈判中对甲企业施压，从而以最低价格购买到原材料。

　　举步维艰、进退两难是甲企业的现状，如何抉择关系到企业的生存。如果不接受乙企业的要求，甲企业自身的资金链将会断裂，进而引发破产。如果答应乙企业的要求，自身的利润则会缩水，甚至无法回本。没有利润，原本已经元气大伤的企业势必面临破产。

　　尽管面临困境，但甲企业的管理者在谈判过程中依旧保持冷静、理智，隐藏自己的真实意图。当乙企业明确提出要低价收购原材料时，甲企业管理者避开正面回答，只是让助理核查一遍去外地的行程。如果一切已经安排好，他打算动身前往外地，与某家企业商谈合作事宜。

　　这只是甲企业管理者在谈判过程中向乙企业谈判人员抛

出的"烟幕弹"，为的是向乙企业表达：合作者并不是非你不可，还有很多企业愿意与我们合作。事实上，甲企业管理者内心很希望能够与乙企业合作，渡过破产危机。之所以隐藏自己的真实意图，只是为了提高原材料的单价，获得更多的利润。

乙企业谈判人员看到甲企业这番举动，不禁乱了阵脚，因为他们必须拿下这个合作，但又不确定甲企业的真正想法。第一轮谈判结束后，乙企业谈判人员向总经理汇报了谈判情况与进度。经过与上层管理人员的商量，乙企业决定提高购买原料的单价，填补自己紧急原材料的空缺。

就这样，甲企业顺利通过谈判，化解了自身的破产危机。

谈判实际上是一个博弈的过程。了解对方信息，并据此找出有利条件，做出相应的判断，这是谈判的前期准备工作。如同上述案例中的乙企业一样，早在谈判之前就掌握了甲企业面临"破产危机"这一可以利用的信息，在谈判过程中压低收购价格，以谋求更大的利润空间。但甲企业伪装自己还有另外的合作渠道，通过谈判成功引导对方与己方达成了合作，可谓双赢。

二、隐藏真实意图，让对方无法琢磨

仍以上述案例进行分析，如果甲企业管理者将自己的真实意图暴露出来，将给企业带来不可计量的损失。要么是合作达成，乙企业以最低价格采购，甲企业处于资金短缺的状态，面临随时破产的危机；要么是谈判失败，甲企业没有及时获得周转资金，资金链断裂，直接破产。

但甲企业的管理者以镇定自若的表现，向乙企业的谈判人员传递出一个虚构的信息，掩饰了自己的真实意图与动机，让对方对已经掌握的信息产生怀疑，从而掌握谈判主动权。

人的直觉往往与表面印象挂钩。乙企业谈判人员就是被甲企业管理者泰然冷静的表现所迷惑，从而动摇了自己的想法。

除此之外，在谈判中可以刻意展示一些与自己实际情况或者主观意愿背道而驰的信息来迷惑对方，使其陷入混乱，做出错误的判断。

上述案例中的甲企业就是如此，故意让乙企业谈判人员以为"某企业也愿意与甲企业合作"，给乙企业施加一定的压力，让他们陷入疑惑与举棋不定，最终在利益的权衡下，以较高价格购买了甲企业的原材料。

三、掌控主动权，有利于引导对方

谈判者巧妙地通过虚构信息设置"障眼法"，虚张声势，掌握谈判的主导权，达到自己的目的。这是谈判最基础的手段，也是最有效的手段。

谈判主动权的归属决定了谈判结果的利益偏向。无论是商务谈判还是普通谈判，我们越是理智、冷静，就越容易给对方造成心理压力，使对方产生顾忌、动摇。这有利于我们操控对方，在谈判中占据主导地位。

善施压力，促使对方妥协

施加心理压力是谈判的一个有效手段，即通过谈判施加刺激信息，给对方心理带来一定的压力，等对方承受的心理压力超出负荷时，便会自乱阵脚并做出错误的判断。

很多成功的谈判，都是通过向对方施加心理压力而取得成功的。

一、谈判压力的类型

不同性质的谈判，给谈判双方带来的心理压力也有所不同。

1. 利益目标压力

谈判为的是实现预期的利益目标，这种由目标带来的谈判压力就是目标压力。这是任何谈判都会带来的压力。

许多谈判是由专门的委托人员进行的，他们谈判的出发点不是自己的利益，而是他人、企业或国家的利益，但他们谈判成功与否则与自己的利益挂钩。

如何向对方施压，获得谈判的成功，是我们需要思考的问题。值得注意的是，向对手施压时要把握分寸，太小会没有效果，太大则可能让对方直接放弃谈判。

2. 时间压力

谈判是一种时效性很强的活动，谈判者的实力、利益会随谈判时间而变化。一般而言，谈判会规定一个期限，如果谈判者无法把握时间节奏，很容易出现没有说到重点但时间却所剩无几的情况，最终丧失谈判的主动权。

3. 疲劳压力

任何长时间的谈判都会让谈判者感到疲劳，再加上长时间精神高度紧张，更容易产生心理疲劳的现象，导致注意力分散，大脑对信息加工、处理的能力下降，其意志力被减弱，影响决策与判断的正确性。从这一层面来看，谈判是双方的心理对抗过程。

因此，我们可以通过营造谈判过程的紧张性，使对手产生心理疲劳，从而在谈判中占据主导地位。

4. 冲突压力

冲突往往会使谈判氛围变得更紧张，给谈判者带来巨大的冲突压力，进而演变成心理疲劳，不利于谈判决策与判断。因此，如何避免冲突带来的不良影响，是谈判双方都要重视的问题。

这个时候，我们可以提出一些建设性的意见，让对方在压力的作用下接受我方建议，达成我方谈判目的。

二、施加压力促使对方妥协

心理压力是一把双刃剑，既能促进谈判成功，又能使谈判陷入僵局或者双方关系破裂。真正的谈判高手会把握施加心理压力的分寸，将压力变为动力，而不是成为谈判失败的导火索。

20世纪80年代，一种新型集成电路由美国硅谷某家电子公司甲研发成功，但其价值无法被当时的人所理解。该公司为了研发此集成电路已经负债累累，濒临破产。这个集成电路技术的售卖将是公司起死回生的希望。

一家公司乙察觉到了新型集成电路中隐藏的商机，于是派遣三名谈判代表商谈技术转让协议。谈判时，双方对转让事项都表现出极大的诚意，但在价格问题上却产生了分歧。乙公司得知甲公司的财务危机之后，给出的报价只达到研发费用的三分之二。

甲公司的财政状况已经岌岌可危，如果新型集成电路无法以较合理的价格成功转让，公司势必破产。甲公司管理者自然知道他们研发出的新型集成电路虽然目前不被大众所认可，但它将为乙公司带来巨大的利润。乙公司显然也意识到了这一点。

公司面临的危机、乙公司施加的巨大压力、新型集成电路的研制成本回本问题以及公司未来的发展希望，成为甲公司管理者背负的四座大山，让他喘不过气来，稍有不慎就是满盘皆输。

正所谓绝处逢生，越是无路可走，越有机会寻得一线生机。在巨大的压力下，甲公司决定先不管乙公司施加的压力，通过拖延时间的方法对乙公司进行反向施压。如果乙公司不尽快做出决定，这种新型集成电路的商机很快也会被其他公司察觉。

甲公司经过一系列的商讨之后，派出谈判代表告知乙公司先中止谈判，等待其具备合作诚意之后再继续谈判。这一操作是乙公司的谈判代表没有预料到的事情，他们接到的任务是必须与甲公司达成协议，并且有时限规定。如果甲公司一直拖下去，将使乙公司处于不利地位。

中止谈判通告发布后不到半天，乙公司就要求继续谈判，并愿意在报价上做出适当让步。经过谈判，甲公司以最合理的价格转让了新型集成电路技术，乙公司的代表也高兴地回国复命了。

从上述案例可以得知，压力始终贯穿于谈判过程之中，不论施压方还是受压方，都不应被谈判产生的压力所影响。

如何向对方施加适当的压力、缓解对方向我们施加的压力，以及将压力变为促进谈判成功的动力，避免出现谈判僵局，是我们需要深度思考的问题。

解决这些问题的先决条件是明确谈判压力产生的条件，从根本上找出解决方法，促成谈判。

除此之外，利用压力影响谈判时要注意压力的施加力度，一方面要让对方做出我们的决定不可动摇的判断，另一方面又要控制压力力度，避免对方因压力太大而放弃谈判。

1. 施加权威的压力

权威往往是施压的最好武器。例如，提供已经出台的"先例""原则"等文件，不仅可以提升我们在对方心目中的可信度，也能向对方传递出"我是一个很好的合作对象，过了这个村就没这个店了"的意思，让对方产生压力。

2. 以数字巧妙施压

数字本身具有一种非凡的魔力，总能让人在一大片文字与话语中最先被关注。谈判时，如果能够大量运用数据，可以增加对方的信任度，稳定对方与我们合作的决心，促使谈判成功。

步步蚕食，为谈判锦上添花

当谈判接近尾声时，由于心理压力、时间紧迫等因素，对方更容易接受先前不接受的条件。因此，谈判的终局阶段是一个关键时刻，善用蚕食策略，不仅能与对方达成合作协议，甚至还能让对方接受之前反对的要求。

一、蚕食对手要注意的事项

谈判高手不会一开始就将自己的要求全部罗列出来，而是先阐述一部分能够让人接受的要求与条件，这是蚕食对手的原则之一。

谈判中，当双方一起经历了艰苦且漫长的谈判过程并接近尾声时，基本上所有的条件与要求都已达成共识，对方在心里松了一口气，暂时放松警惕，这时我们再向对方提出一些要求，更容易得到满足。

从心理学角度出发，在谈判过程中，如果我们觉得谈判可能不会成功，这个时候就是对方脆弱的时候，也是蚕食对方最好的机会。原因如下：

1. 对方因刚刚做成一笔买卖而陷入高兴的情绪之中，更有可能同意原先拒绝的要求与条件。

2. 对方经过长期谈判不愿意冒险，不想因没有同意最后一个要求，导致整个谈判需要重新进行，使谈判陷入僵局或者失败。

3. 最近几天，对方可能没有成交一笔订单，心中产生了一定要拿下这单的念头，只要损失在可控范围内即可。

因此，谈判即将结束之时，我们已经做出决定，这是对方最轻松也是最脆弱的时刻，一定要抓住机会，提出自己的要求。

当然，这种蚕食策略也需要掌控时机，特别是在对方脆弱之时，蚕食行为与话术需要表现出诚意，不要让对方感觉我们趁虚而入，是在占便宜。通过蚕食策略，即使谈判已经接近尾声，依旧可以扩大自己的谈判利益，甚至让对方同意之前拒绝的要求。

以汽车销售人员为例，如果一开始就让对方直接买，客户可能会产生厌烦心理。因此，你需要做的不是向客户展示汽车，而是通过谈判技巧，让客户产生一种"我要买车就一定在这里买"的心理。之后，无论客户需要什么类型、型号的车，你都应该应承下来，即使这辆车并不赚钱。然后，将客户带到会客室，慢慢地提出自己的条件。

这个蚕食过程的关键点是随着谈判时间的延长，一点一点地增加微不足道的要求，最终达成自己的目的。

家里有孩子的人可能更容易理解这一点。孩子本身没有接受专业的谈判培训，但他们却是天生的谈判高手。他们会通过与父母谈判，软磨硬泡，满足他们的某些要求。例如，在吃零食方面与父母讨价还价，最后再吃一点点似乎是他们最常见的话术，然后让父母心软，达到自己的目的。

二、发现谈判对手企图蚕食自己时怎么应对

蚕食策略是谈判双方都可以采取的策略。那么，当对方试图蚕食我们时，应该怎样做呢？

1. 采用较为正式的通知

采用较为正式的方式，如书面通知等，告知对方如果按照我们的报价付费，我们可以做出适当的让步。特别是当公司有附加条例时，一定要在继续谈判之前以书面形式罗列出来，并注明相应的报价，避免因报价不明确引起纠纷，使谈判失败。

2. 罗列详细清单

将所有的培训、安装、延长保修期等的费用以书面形式明确罗列出来。无论对方提出怎样的要求，都不能让对方察觉我们掌

握最终决策权，以避免利益损失或者对方得寸进尺。

3. 懂得怎样反击来保护自己

用最高权威策略保护自己。

当对手使用蚕食策略时，要进行一定反击，否则很容易处于被动状态。我们可以用一种更温和有礼的方式，让对方产生一种自己的做法上不得台面的想法，防止被蚕食。反击一定要把握分寸，在谈判的敏感时期，一不小心就会使谈判陷入僵局。

谈判时考虑周全，摒弃侥幸心理，对谈判节奏有一个清晰的认识，是避免被对方蚕食的重点。

除此之外，如果对方在谈判收尾阶段让我们做出让步，我们应适时反击，让对方也做出一定的让步。如果我们不想做出让步，那就表明自己没有决策权，所有的变更都需要由公司最高领导人决定。向最高决策者汇报和批准的流程不会一步到位，谈判结束后一般会不了了之。这就是最高权威策略。

综上所述，谈判者应重点考虑这几个问题：对方在谈判收尾运用策略之时，我们应该注意哪些问题，又该做何应对？针对重新提出对方已经拒绝的问题，我们是否已经在心中形成一个清晰明了的计划或方案？

掌握主场优势，增加成功概率

"是故智者之虑，必杂于利害。杂于利，而务可信也；杂于害，而患可解也。"这是《孙子兵法·九变篇》的名句，其意在于告诫我们考虑事情时要分析自身的优劣势，做到"杂于利害"。

这句话在谈判时同样适用。谈判从来不是一场即兴的活动，而是一场蓄谋已久的行动，要提前做好准备，才有机会立于不败之地。谈判准备工作的一个重点便是谈判场所。一个合适的谈判场所，有时会产生事半功倍的效果。

谈判场地通常分为三大类：一是主场，即己方所在地；二是客场，即对方所在地；三是中立场，即非谈判双方所在地的任意地点。这三种谈判场地各有优劣，但从谈判的本质来说，当谈判的场地为主场且参与谈判的人员能够很好地掌握主场优势时，谈判成功的概率往往更大。

一、主场具有哪些优势

归纳起来，主场谈判的优势主要有以下几点：

1. 自信

东道主的身份可以增加谈判信心，提升谈判的赢面。正所谓"客随主便"，即要根据主人的方便与安排行事，主人在这一过程中占据主导权。

例如，作为东道主的企业以热情的态度招待前来谈判的人员，从"欢迎来到我司谈判"的寒暄，到安排谈判人员的食宿、告知谈判具体时间，这一过程会使谈判双方的心理产生变化。

东道主可以在井井有条的安排中占据主导地位，展现自身优势，产生自豪感，提升自信心。对方谈判人员则会因来到异地，有一种人生地不熟的感觉，不利于士气聚集，也削弱了自信。

2. 人情

对方风尘仆仆地到来，已经是人乏马困。我方热情地接待他们，并为他们细心安排一切，虽然表面上属于东道主的待客之道，但本质上也是一种谈判技巧。

对方在我方的热情接待下感觉欠了人情。谈判时，对方一般不会拒绝一些不涉及原则而又无伤大雅的要求，即使拒绝一部分，但因难为情，也不会全部拒绝。这就是通过人情提升谈判成功率的策略。

3. 便利

谈判胜利的基础是对对方信息的掌握程度，这就需要不断查阅资料，收集分析信息。对对方而言，在人生地不熟的地方查阅、打印资料，是一件不太方便的事情。

例如，查找资料方面，作为客方的企业在这一点上存在一定的困难，很容易打击士气。这时，作为主场的谈判者直接开放自身的资料室供其查阅资料，并派人帮其收集资料，会让对方不好意思拒绝我们的某些谈判要求。

4. 心理压力

主客双方承担的压力明显不一样。例如，短期谈判暂停时，各方分别讨论对策。对方可能会想："都讨论了好多天，再不达成合作，就没时间了。""讨论了这么久，总不能两手空空而回吧。"

显而易见，对方代表带着任务而来，承担的压力比我方要大，这会对对方造成一定的困扰，可能因"饥不择食"而满足我方的一些要求。

二、如何掌握主场优势

以下几点是对掌握与发挥主场优势提出的建议：

1. 从心理上压倒对方

陌生环境会给人造成不同程度的紧张与恐惧。主场谈判中，我们要充分利用东道主的身份，让对方产生心理压力，借此削弱对方的自信，发挥并增强自身的主场优势。

2. 从情感上软化对方

除了心理压力，人情是发挥自身主场优势的因素。在对方到来时，一定要热情接待，帮助他们解决困难，从而使对方对我们心存感激。这是将人情变为谈判的筹码，有利于对方答应我们的某些谈判要求。

3. 完善的后勤保障

硬件的便利，如舒适的休息环境、周全的人员配备、灵活安排的交通工具、资料储备等后勤保障，是主场谈判的显著优势。我们要将这些资源合理利用起来，增加谈判成功的概率。

4. 谈判现场的布置

谈判现场要满足己方需求，为己方谈判人员营造一个精神较为放松的谈判环境，缓解谈判压力。谈判休息时间的音乐、灯光、装修风格等，都会对谈判者的临场发挥产生较大影响。

善打时间战，为自己赢得主动权

把握谈判的时间节奏，掌握谈判的主导权，对于谈判成功至关重要。那么，时间战都有哪些打法呢？希望以下策略对谈判者有借鉴价值。

一、消耗对方的时间

谈判不是一个孤立的事件，有着明确的时间限制与标准。例如，你与领导约好在上午 11 点谈论你的薪资水平，但到了 11 点，领导助理告知你领导要开一个紧急会议，将谈论时间改为下午 3点。这种因各种突发事情而拖延的情况，在任何类型的谈判中都有可能发生。

谈及拖延时间，我们可以来看看下面这个案例：

小李是一家大公司的年轻主管，他希望自己能有更多历练的机会，提升自己的能力。最近正好接到了一个国外来的谈判任务。

接受任务后，小李做了非常全面的准备工作。外国谈判者到达中国后，小李十分热情，派遣接机人员帮助外国谈判者顺利通过海关，用豪华轿车接送等，让外国谈判者感受到小李的热情、善解人意，对方在小李的热情款待下，无意中透露了自己的谈判时限。

根据外国谈判者的行程时间，在对方到达中国的第一天，小李邀请他体验中国的风土人情，从博物馆、购物圣地到风景旅游区，全都逛了个遍，小李甚至安排了解说人员，每到一个地点都会向对方提供详细解说。

每当对方询问谈判何时开始，小李总是回答谈判花不了多少时间，让对方好好体验一下中国的风土民情，在小李如此热情的款待下，对方也不好意思强硬要求谈判开始，只能耐心等待。

直到只剩两天的谈判时间，小李才正式通知谈判开始，但谈判内容都是一些无关紧要的小事，一直到谈判的最后一天下午，双方才真正开始谈及实质利益，当对方想要提出谈判要求与意见时，预定的谈判时间即将到来，双方只能在匆忙间达成协议。

导致上述状况的根源在于，对方谈判者不小心透露了自己的谈判时限，使小李得以针对他的行程安排进行布局，拖延时间，直到谈判收尾阶段才谈及重要问题，但已经没有时间再谈细枝末节了，以致谈判草草结束，为了不空手而归，对方谈判者只能让步。好在小李所在的是一家讲信誉的企业，没有通过协议漏洞来获取大量利益。

这种拖延时间的策略是谈判过程中最常见的手段之一，即使是高等级的谈判者，也时常掉入这种陷阱。因此，我们要把握好时间节奏，不能过于强调谈判的最后期限。当然，这不是要求不设置谈判期限。处于主导地位的谈判者，可以利用这种策略，将时间的负面效果转移给对方。

如果对方花费大量的时间与精力来准备谈判，说明他们非常重视这次谈判，在最后期限前妥协的概率会非常大。

二、灵活调整截止期限

美国与越南的停战谈判是一个经典谈判案例。越南对美国说："这场仗我们已经打了627年，再花128年继续作战对我们来说又有什么关系？事实上，32年的时间对我们而言，只是昙花一现。"

越南真的不在乎时间吗？当然不是，美国国力强大，如果真的长期较量下去，对越南并没有好处。越南深知这一情况，也想早日停战，解决危机。但越南谈判者表现得十分镇定，让美国谈判者捉摸不透。

　　这是停战转机出现之后，美国代表与越南在巴黎进行的和平谈判。当时，美国只在巴黎市中心预定了7天的豪华饭店，希望尽快完成谈判。越南代表则在郊外租了一栋租期为2年的别墅，以耐心取得了谈判的胜利。

从上述历史事件来看，越南似乎丝毫没有被时限影响，也没有表现出承受着巨大的压力，但这并不代表越南不热爱和平。实际上，相对于美国，越南对和平的向往更强烈。

　　所以，在谈判过程中，不要被对方对时限无所谓的态度所蒙骗，任何谈判都会规定谈判期限，谈判者都会承受一定的时间压力。如果参加谈判的人员表现得没有压力，只是因为他们懂得隐藏，更因为灵活的截止期限让他们有恃无恐。所以谈判期限的设置要有弹性，避免因对方拖延时间造成谈判不深入。

　　虽然谈判时间不能由自己全权决定，受到领导、顾客、合作对象等的影响，但最后期限依旧由我们决定，我们需要掌握合理调整最后期限的节奏。

　　大部分有意义的让步发生在谈判时间的最后期限之前。因此，我们一定要有耐心，要有打持久战的决心与心理准备，在谈判还未终结的情况下，灵活调整，不受其牵制。

对于陷入僵局的谈判，应尽量控制情绪，做到冷静、理智，寻找突破僵局的最好时机。同时要适度调整截止期限，厘清谈判事项，让谈判事项变得一清二楚。

记住，谈判期限是人确定的，是为谈判服务的，不能盲目追求高效，而不顾谈判质量，草率地在截止日期之前结束谈判。

调整谈判时限之前，要先考虑逾期产生的后果，判断这些后果自己能否承担。此外，还可以快速向上级报告，及时获取调整时间的权限。

正所谓"好事多磨"，所有事情都不可能一蹴而就，谈判也是如此。谈判者需要循环渐进。也许在最后一刻，双方的谈判时限仍在变化。因此，我们一定要学会灵活、合理地调整谈判时限，不要给自己过多的时间压力，以免最终被迫妥协，得不偿失。

第六章　破局

策略性心理瓦解，打破谈判僵局

☑ 弄清僵局性质，各个击破

☑ 气氛紧张不用怕，不妨幽默一下

☑ 借用虚拟竞争对手，让对方尽快做出决定

☑ 利用对方弱点，夺回谈判主动权

☑ 以柔克刚，求活求新

弄清僵局性质，各个击破

陷入僵局是谈判中常见的情况。造成僵局的时间、打破僵局的突破点、谈判者面对僵局的态度等，也各有差异。有的谈判者遇见僵局就会顾左右而言他，忽略形成僵局的问题，进行下一个问题的谈判。有的谈判者则态度强硬，一定要完成这个问题后再进行下一个问题。还有的谈判者选择妥协，直接探讨下一个问题。

谈判者的态度不同，对僵局的影响程度也不同，但谈判人员需要明确，僵局不是死局，通过一番努力是可以打破的。当然，如果谈判一开始就出现不可解决的僵局，这场谈判本身就不具有意义，因为谈判双方不是以解决某一问题、满足某种利益为出发点，也没有表现出合作的诚意。因此，这样的谈判是无意义、无价值的。

有的僵局是因谈判的客观条件不充分，即双方谈判前无法判断此次谈判是否具有价值。随着谈判的进行，一些问题逐渐浮出水面，双方的信任关系出现裂痕，无法达成共识，使谈判陷入僵局，谈判关系最终瓦解。也有可能是双方发现谈判焦点没有价值，造成谈判破裂。

谈判准备不充分，分析不到位，会让谈判者陷入被动，即使最后谈判成功，也是收效甚微，甚至是得不偿失。在这种谈判中，陷入僵局的前兆就是发现谈判的可行性较低，谈判积极性突然下降。由于谈判已经进行了大半，谈判者面临着两种选择：不顾利益继续谈下去，或者壮士断腕般地停止谈判，这两种方式都会给双方带来损失。因此，谈判前一定要评估谈判的可行性，避免浪费时间、精力，给己方造成损失。

此外，情感、立场、观念、原则等也是造成谈判陷入僵局的原因。面对不同的僵局，需要采取不同的方法策略。以下是谈判中常见的僵局种类：

一、策略性僵局

策略性僵局是人为制造的僵局，是有计划、有目的的。谈判的一方故意制造僵局，对另一方造成巨大的压力，从而为己方争取更多的谈判优势。这在本质上是一种时间拖延策略，根本目的是让对方妥协，满足己方的谈判要求与条件。

针对这种僵局，可采取以下方法：

1. 以柔克刚，适当妥协

对方制造僵局并不是要使谈判关系破裂，除了施压，更多的是在试探我方底线、实力与原则。在这种情况下，如果对方提出的要求无伤大雅，且在我方承受范围之内，可适当妥协。

这种做法一方面是表明我方的诚意与立场，让对方了解我们的实力，从而提升谈判的积极性；另一方面，通过适当妥协来打破僵局，使谈判继续进行下去，提升效率。

2. 坚守原则，该刚则刚

谈判时我们会遇见形形色色的谈判者，要学会看人行事。对于品行良好且有合作诚意的谈判方，可以做出适当让步。对于得寸进尺的谈判方，则不必顾及情面，不卑不亢，坚守底线。

这时，对方并不是要将僵局变为死局，而是通过僵局策略，逼迫我们不断妥协、退让，从而使自身的利益最大化。因此，遇见僵局策略时不要害怕，而是要委婉地提醒对方，让对方见好就收，明白我们的原则与底线，从而在保证双方情面的基础上，理智地打破僵局。若好言相劝后，对方仍旧得寸进尺，我们也可以采取时间拖延策略，先中止谈判，向对方施加压力，最终打破僵局。

二、情感性僵局

情感是影响谈判过程与内容的重要因素，大多数谈判者难以摆脱情感的影响，谈判专家也不能避免。

因情感因素而造成的僵局被称为情感性僵局，是指在谈判过程中，一方谈判者的语言行为让另一方不满，造成矛盾与冲突，从而形成互相攻击、互不相让的僵局。处理这类僵局的最佳方式是回避策略，消除误会，让双方和解。

激烈紧张的谈判氛围会让一些情绪控制能力不强的谈判者情绪失控，成为引发矛盾与冲突的导火索。这是造成情感性僵局的关键。

例如，某企业的谈判人员小张在某次谈判中便遇见了这种僵局。对方谈判代表的情绪在长期谈判中爆发："你们简直是坐地起价，根本没有合作的诚意！"小张这边一听这话，也是火冒三丈，立刻回击："你们给出的报价简直是要我们白送，那才是没有诚意！"双方当时都气在心头，争吵一阵后便不欢而散。

由此可见，情绪性的口角之争很容易造成情感性僵局。谈判人员要时刻谨记：发泄情绪对谈判有百害而无一利，切忌因一时的赌气对谈判造成不利影响。

一般来说，谈判的初衷是为了使双方利益都达到某种程度的满足，所以，在双方冷静下来之后，必然会继续进行谈判。这是打破情感性僵局的突破点。从这一突破点出发，以下几点建议可供参考：

1.暂时中止谈判，请第三方进行调解

谈判中出现争执的情况不在少数，并不是每一次都需要中止。在矛盾尖锐、双方情绪失控，并有人身攻击倾向的情况下，要及时中止谈判，否则争论将会变为热战、冷战。争执从暗战变为明战，会对谈判关系造成较大的负面影响。

及时中止谈判可以让谈判双方在看不见对方的环境中冷静下来，调整情绪，修复心态，缓解谈判氛围，避免谈判关系的破裂。

在必要的情况下，还可以请双方都信任且有威信的人出面调解，以便谈判能够继续进行下去。

2.审时度势，及时更换谈判人员

在谈判过程中，如果轻易更换谈判代表，会对整个谈判进程造成影响。因此，只有到了万不得已，双方的关系已经无法修复之时，才应采取换人策略，以便打破僵局。

这一策略在体育比赛、政治谈判中已有所实践，证明了具备可行性，为商务谈判打破情感性僵局提供了新思路与新方法。

因人格、生活习惯、信仰等层面的失误造成情感性僵局时，应该由造成失误的谈判代表出面道歉。如果对方不愿接受道歉，可以更换谈判人员，使谈判继续进行。

一家小型薯片公司的采购员与当地的土豆种植农户代表进行采购谈判时，试图以最低的价格达成合作。

采购人员问："多少钱一斤？"

农户代表答："八毛五。"

采购人员说："我们的报价是六毛五，这个价格能接受吗？"

农户代表答："回不了本，少一分钱也不卖。"

采购人员不满："不就两毛钱吗！不能痛快一点吗？怎么婆婆妈妈、磨磨叽叽的！"

农户代表一听顿时怒了，反击道："你小子才婆婆妈妈、磨磨叽叽的！吃饱了撑的跑这找茬儿来了！"边说边摩拳擦掌。

采购人员见形势不妙，撒腿就跑，还不忘回嘴："烂了活该！"

次日，薯片公司派出了另一位采购员，这个采购员态度十分端正，还与农户聊天谈心，了解农户的收成情况。谈及价格时，这个采购人员说："大家都是实诚人，七毛我全包了，当交个朋友。我们长期合作，您看怎样？"

最终，这笔买卖在双方都心满意足的情况下成交。

由上可知，出现僵局并不可怕，适时换人是破解之法。

三、实质性僵局

纵观各种僵局，只有实质性僵局是一块硬骨头，最难处理。

因为解决这一僵局的核心在于经济利益，而谈判就是为了实现双方的利益的最大化。

一旦双方在报价上产生较大分歧，如果双方都不愿退一步，就会产生实质性僵局。针对这类僵局，应该让双方相互理解，从而消除矛盾，达成共识。具体方法如下：

1. 诚恳对待，耐心说服

当谈判陷入僵局时，我们可以通过市场行情、产品质量、售后保证等有说服力的信息，引导双方打破僵局。

只要我们保持耐心，做到有理有据，对方也会做出适当的让步。

20世纪80年代，广东某玻璃厂与美国某玻璃公司就引进先进的玻璃生产线一事进行谈判，双方在部分引进还是全部引进这个细节上陷入了僵局。对于广东代表提出的部分引进方案，美国方面表示无法接受。

为了缓和气氛，广东代表施展了一系列扭转策略后，说："你们的技术、设备和工程师都是世界一流的。你们投进设备，搞科技合作，帮我们搞好厂，只能用最好的东西。因为这样，我们就能成为全国第一。这不但对我们有利，而且对你们更有利。"（分析：首先给予对方很高的评价，然后指出双方已为一体，荣辱与共。对方感到广东代表说得很实在，这些观点可以接受，并以极大的兴趣继续倾听。）

"我们厂的外汇的确很有限，不能买太多的东西，所以国内能生产的就不打算进口了。"（分析：运用"将心比心"这一心理战术，希望对方能接受"但是"后面所包含的内容。当他们观察到对方已经同意自己的观点，为了巩固"战果"，再进一步使用了"激将法"。）

"现在，你们知道，法国、比利时和日本都在跟我们北方的厂家搞合作，如果你们不尽快跟我们达成协议，不投入最先进的设备、技术，那么你们就要失掉中国市场！"（分析：这样一来，陷入僵局的谈判气氛立刻得到了缓解，双方最终达成了协议。）

2. 反复斟酌，求同存异

谈判中出现经济利益上的重大分歧，会成为谈判进程的绊脚石。对此谈判人员应该反复斟酌，分析分歧产生的原因，做到求同存异。

实质性僵局虽然难以处理，但并不是不可解决，这就需要我们在谈判过程中仔细观察、分析，寻求实现共赢的破局之法。

气氛紧张不用怕，不妨幽默一下

对于谈判来说，谈判气氛非常重要，它不仅反映了谈判双方的态度，更影响着谈判者的心理、情绪、判断力等。

一般来说，常见的谈判气氛有四种：态度冷淡，全程对立；神情松弛，不紧不慢；言语热情，积极友好；平静如水，严肃严谨。

在谈判的初始阶段，双方因为刚刚接触，还处在相互试探的阶段。随着接触的频繁和谈判的不断深入，气氛会发生一些微妙的变化，比如由谈判前的冷淡、拘谨转变为热情、友好，或者由紧张、对立转变为持续高度的紧张或尴尬等。

如果是前者，那再好不过了；如果是后者，尴尬的谈判气氛势必影响双方的合作。这时，谈判者可以试着运用幽默来缓和气氛。

幽默就像黑暗中的一道光，照得人心里暖洋洋的，会使人在不知不觉中卸下防备，卸下敌对情绪，使陷入僵局的谈判瞬间变得气氛缓和，营造轻松愉悦的谈判氛围。

一、谈判中运用幽默的好处

幽默的语言诙谐搞笑，让人听后忍俊不禁的同时，还能让紧张的情绪得到释放，缓和紧张气氛，拉近彼此的关系。

世界上第一位女大使柯伦泰被苏联政府任命为驻挪威全权贸易代表，有一次，苏联想到挪威采购一批鳕鱼。挪威商人给出的鳕鱼售价比苏联政府的采购价要高出许多，双方的谈判陷入了僵局。这时，柯伦泰笑着说："好吧，我同意你们提出的价格，如果我们政府不批准这个价格，我愿意用自己的工资来支付差额，但是这自然要分期支付，可能要支付一辈子。"几轮谈判下来，挪威商人面对这样一个既幽默又强悍的对手，毫无办法，只好同意将鳕鱼的价格降到柯伦泰认可的价位。

在很多谈判场合，当气氛变得紧张尴尬后，谈判双方或因面子问题谁也不肯认输，或因某一问题没有达成一致而争执不休，这时解决问题的最佳方式不是继续争论下去，而是想方设法让这场"暴风雨"尽快过去，让谈判气氛缓和下来，这样双方才能心平气和地进行谈判。

从上面的案例，我们看到了在谈判中运用幽默的好处，接下来就来了解幽默的三个基本特点：深刻寓意是表达内容上的特点；友好善意是表达目的上的特点；捧腹大笑是表达方式上的特点。

幽默不仅是一个人乐观生活的表现，更反映了一个人的修养和丰富的内心世界。尤其是在谈判中，幽默扮演着越来越重要的角色，已经成为缓和气氛的灵丹妙药与出奇制胜的"撒手锏"。

二、用幽默拉近与谈判对手的距离

在某次重要的谈判中，因为谈判双方之前没有正式接触和沟通，所以在谈判的初始阶段，气氛沉闷且略显紧张。甲方谈判代表见状，率先打开话匣子说："×××，听说您是属虎的，怪不得贵公司在您的领导下虎虎生威呢！"

紧张的气氛一破局，乙方代表也顺势接上话茬："借你吉言，可惜啊，我的虎虎生威只能用在公司，只要一回家，我就虎威难现了！"

"噢，难道还有意外发生？"

"意外倒没有，只不过我和爱人属相相克，我一回家就被她降服了。"

"那您爱人是……"

"她是女版武松，专打虎！"

这段幽默的对话虽然有刻意营造之嫌，但仍可以在谈判中起到缓和气氛的作用。看似紧张敌对的谈判气氛，在双方你来我往的触碰中，经由幽默这个天然润滑剂的润滑，一扫初始的沉闷状态，营造和谐的谈判氛围，淡化敌对情绪，拉近双方的距离。

这里之所以再三强调谈判气氛的重要性，主要源于谈判气氛能在不知不觉中牵引谈判方向，起到推进作用。比如，积极和谐的谈判气氛，能更好地促成谈判目标，而紧张敌对的谈判气氛则会把谈判推向更严峻的方向，使接下来的谈判工作变得更加艰难。

因此，在谈判拉开序幕之后，我们一定要秉承"化干戈为玉帛"的原则，将谈判态度由消极变为积极，将谈判情绪由负面变为正面，努力营造和谐、友好的谈判氛围。

借用虚拟竞争对手，让对方尽快做出决定

坐在谈判桌前，谈判者时常面临两难的尴尬境地：一方面，想给对方制造一定的压力；另一方面，又害怕对方在压力的刺激下产生抵触情绪。这种场景时常发生在谈判临近终局之时，在最后的关键时刻，一方往往犹豫不决、瞻前顾后，还在不断考量，这时另一方就会左右为难，陷入两难境地。

事实告诉我们，此时运用诱饵战术，可以激发对手快速做出决策。所谓诱饵战术，即虚拟一个竞争对手，让对方误以为有外力与其竞争，进而达到催促的目的。

就像英国作家查尔斯·狄更斯在《远大前程》里对逃犯说的话一样："你知道，皮普，我很喜欢你，所以我绝对不会伤害你的。可我还必须告诉你一件事，我的一个朋友现在就藏在树林里，他是一个非常狂暴的家伙，而且他只听我一个人的。如果你不帮我

的话，我的朋友会去找你的。所以你一定要帮助我。明白了吗？"

事实上，小说中描绘的这位狂暴的朋友就是虚拟出来的，借由虚拟的外力减少皮普犹豫思考的时间，催促他尽快做出决定。

一、虚拟竞争对手，给对方施加压力

在谈判中，通常力量与权势较大的一方会通过外部施压来压制对方，促使对方做出决定。此时，另一方如果以静制动，就会在谈判中处于下风，对自己十分不利。为了尽快改变这种谈判状态，可以运用诱饵战术，主动出击，虚拟竞争对手，给对方施加压力，助对方踢下"临门一脚"。

某家具厂与一家橡木原材料供应商就材料提价问题进行谈判。

谈判初始，家具厂谈判代表首先发言道："过去10年间，我们一直向贵厂采购原材料，不仅数量庞大，且价格方面经过双方协商，也处在一个公平合理的价位，这让我们之间的合作一直都很融洽。可是近年来，贵厂不顾合作情谊，屡次提出加价，严重影响了我们之间的合作。更重要的是，贵厂提出的每年加价5%的方案，根本就是置我们多年的合作情谊于不顾……"

供应商谈判代表听完对方的控诉，也不甘示弱，说："虽然是加价，但我们并没有置合作情谊于不顾，相反，在经济整体上升的趋势下，各方面的成本也上涨了许多，我们是经过多方考量才做出的这个决定，因此这份加价方案非常公平合理。"

对于供应商代表所说的经济整体上升导致各方面成本上涨的事实，家具厂谈判代表也表示认可，但对于对方提出的每年加价 5% 的方案，实在是无法接受。因此，家具厂谈判代表主动提出每年加价 2% 的方案。由 5% 降为 2%，但对方仍然不愿意答应。经过一番唇枪舌剑与讨价还价，双方达成一致，决定将每年的加价定为 3%。

但在签署合同时，供应商却犹豫起来。面对供应商谈判代表的举棋不定，家具厂谈判代表运用诱饵战术，虚拟了一个竞争对手。他说："本来今天谈判知道你们为难，我们是没有抱希望的，所以提前找好了一家供应商，他们的价格十分合理。考虑到我们一起合作了这么多年，在价格基本持平的情况下，我们还是倾向于跟你们合作，但如果价格相差甚远，甚至超出我们可以接受的范围，那我们只好放弃与你们合作了。"

这一诱饵战术果然奏效。家具厂谈判代表话音刚落，供应商谈判代表沉思片刻后，立即做出了继续合作、马上签订合同的决定。

这场谈判之所以成功，源于家具厂谈判代表在对手犹豫不决时使用了诱饵战术，虚拟了一个竞争对手，促使对方做出决定。试想，如果家具厂谈判代表没有在最后的关键时刻虚拟一个竞争对手，而是反复劝说对方签合同，最终结果又会怎样呢？

与虚拟竞争对手相比，直接地劝说反而容易引起对方的警惕与反感，甚至让人心生疑窦：为什么他们这么迫切想要签合同？是有什么不可告人的目的吗？在这种疑虑丛生的心理作用下，即使顺利的谈判也可能半路夭折。

二、运用诱饵战术的注意事项

诱饵战术运用得当，便能在谈判中锦上添花；若运用不当，则会适得其反，使谈判陷入绝境。因此，运用诱饵战术时要注意以下事项：

1. 把握时机

诱饵战术虽然能达到间接催促对方的作用，但在运用时一定要把握时机，时机不对，一切白费。所以，我们要确保是否与对方达成深度的合作意向后再决定是否运用，过早或过晚都达不到好的催促效果。

2. 注意内容的真实性

在使用诱饵战术时，虚拟竞争对手是为了催促对方做决定，但虚拟的毕竟是假的，一旦被对方发现，难免搬起石头砸了自己的脚。因此，在虚拟竞争对手时，一定要注意内容的真实性，只有真实，才能让对方深信无疑，确确实实地起到催促的作用。

另外，诱饵战术是借助虚拟的第三方给谈判对手制造压力与紧迫感，因此我们一定要神情自若，表现得泰然自若，这样才能体现出真实感，让对手从心底信服。

利用对方弱点，夺回谈判主动权

人人都有弱点，若不加以改正，久而久之就会变成自己的软肋，因此，适当的自我反省是必要的。唯有自我反省，才能规避弱点，让自己学会成长，变得强大起来。但在谈判中，若能有效利用对方弱点操控对方的心理，便能轻松掌握谈判的主动权，在看似不可思议的环节上，转危为安，重获生机。

那么，我们应该如何利用人性弱点与对方谈判呢？

一、抓住对方心理，以利相诱

唯利是图、贪图小利是人性的一大弱点。我们可以充分利用这一点，放长线钓大鱼，对谈判对手以利相诱。

某电子厂最近研发了一款新型电话手表，与市场上的同类产品相比，这款手表不但价格合理、功能完善，而且使用简单容易操作，但投入市场后一直反响平平，销售业绩始终不理想。

电子厂负责人经过跟踪调查后发现，造成产品销量上不去的原因出在零售商身上。零售商认为这款电话手表刚刚投入市场，没有什么大的反响，所以不愿意代销这款产品。

于是，电子厂负责人想出了一个对策，让员工假扮顾客，轮流到这些零售商店询问这个牌子的电话手表。经过一番努力，零售商终于表现出好奇心："这款新投入的电话手表似乎还挺受欢迎，要不我也试试吧。"

随着拥有这种想法的商家不断涌现，这款电话手表销量大增，不到两年就赶超市场上的同类电话手表，并获得了较高的市场占有率。

从这个例子可以看出，即使产品的性价比较高，但零售商家因不谙行情，不肯轻易代销。厂商负责人抓住零售商唯利是图的心理，以利相诱，采用制造虚假声誉的战术来迷惑对方，最终大获成功。

二、满足对方虚荣心，万事好商量

人人都有虚荣心，虚荣心的本质就是渴望得到他人的赞赏与肯定，以此满足内心对荣誉的需求。

如果谈判中遇到虚荣心很强的对手，那么，只要对方的虚荣心得到满足，想在谈判中成功说服对方也就变得容易了。

一般来说，我们可以运用以下方法来满足对方的虚荣心：

1. 赞扬法

发自内心真诚的赞赏，不仅能满足对方的虚荣心，还能取悦对方，使之心情愉悦。比如夸赞对方企业运营的模式和制度、技术和产品质量，或者国际知名度、合作信誉度等，也可以夸赞对方代表的言行举止、礼仪、穿着打扮等细节。

2. 求教法

基于内心的优越感，很多人会为自己拥有某种技能或特殊才艺而沾沾自喜，引以为荣。谈判时，要想拉近双方关系，我们不妨以此为切入点，用求教法满足对方的自炫心理。

3. 降岁法

随着年岁的增长，越来越多的人开始介意谈论年龄，不愿承认自己逐渐变老的事实。基于此，我们可以采用降岁法来满足对方心中渴望年轻、永葆青春的心理，以此营造和谐融洽的谈话氛围，为谈判开启一扇方便之门。

4. 激励法

激励法可以最大限度地满足对方想要获得成就的心理。哪怕只是一个小小的举动，一句激励的话语，也能燃起对方心中的热情，增加对我们的好感。

5. 欣赏法

由衷地表达自己的欣赏之情，可以极大地满足对方的自信，而且在欣赏之情的助力下，双方也能借此衍生出更多的话题，提升己方的印象分。

比如，在谈判的初始阶段，我们可以对对方的着装打扮说几句恭维之词，相信对方的心情一定会非常愉悦，接下来的谈判气氛也会十分融洽。

6. 问候法

谈判中，主动问候能显示我们有礼貌，懂得尊重他人的自身修养。所以，为了给对方留下良好的印象，促进彼此间的良好沟通，我们可以采取主动问候的方式来拉开谈判序幕。

林肯说："一滴蜜比一加仑胆汁能够捕到更多的苍蝇。"人心也是如此。假如你要别人同意你的原则，就先使他相信：你是他的忠实朋友。

这里的"一滴蜜"，实际上也指人性的弱点。要想巧用"一滴蜜"助力谈判取得成功，我们就要学会利用人性弱点来满足对方的心理需求，进而赢得谈判胜利。

以柔克刚，求活求新

谈判中出现僵局是在所难免的，僵局出现后，谈判者的当务之急不是焦虑，而是积极寻求破解僵局的方法。在众多破解谈判僵局的方法中，以柔克刚是最常见的一种。

一、以柔克刚要有求活思维

简单来说，求活思维是指人在遇到绝境时能够临危不乱，善于抓住机会，懂得利用有利的条件摆脱困境，化险为夷。

之所以强调以柔克刚要有求活思维，是因为求活思维的本质是辩证思维。辩证思维可以帮助我们正确看待困境，从困境中拨开迷雾发现生机，从不利中寻求有利，将坏事变为好事。

在谈判过程中，当我们遇到较为困难或难以应对的局面时，同样可采用求活思维。

　　早年间，美国可口可乐公司一位负责人到北京出差。一天，他外出谈业务回来，在路上遇见一位青年书法家为人书写横幅。他一时兴起，便请求这位青年书法家为自己书写一条广告语，内容是"孔子曰，可口可乐味道好极了"。书法家感到左右为难，但又不知道怎么拒绝，于是求助于自己的老师。老师听完缘由，让他按客户的要求照写不误。等书法家写完之后，这位老师提笔在后面又加了一行小字：一位美国朋友的梦想。

　　一旁的围观者见此情景，无不称赞这位老师的奇思妙想，美方负责人也连连竖起大拇指。

在这个案例中，面对可口可乐美方负责人提出的要求，年轻书法家写还是不写，真是"骑虎难下"。一场危机看似难以避免，但他的老师运用求活思维，从旁迁回加以补白，既避免了对孔子的亵渎，又满足了对方的要求，可谓一举两得。

二、如何以柔克刚

谈判桌前，谈判对手各式各样，既有表面沉默不语，看起来毫无招架之力的柔弱对手，也有锋芒毕露、咄咄逼人，妄想整个谈判都围绕他转的强势对手。

不管是前者还是后者，谈判者都不能掉以轻心，既不能被对方的柔弱蒙蔽双眼，也不能被对方的强势吓得无所适从。对柔弱型的对手，应沉着冷静；对强势型的对手，可以采取以柔克刚的方式来应对。

1. 伺机转移话题

当对方口若悬河、滔滔不绝时，切记不要和对方正面交锋，可以伺机转移话题，在对方说东时，自己漫不经心地说西，以故意转移话题的方式避免正面交锋，之后再针对对方失误的地方给予猛烈一击，打对方一个措手不及，让对方失去招架之力。

2. 冷静观察

谈判时，不管对方说什么，我们都不要急于反驳，哪怕持有不同意见，也应耐心听完对方讲话。在此过程中，我们要时刻保持头脑清醒与情绪稳定，以沉着冷静的姿态观察对方。这样做的好处在于，在对方讲述完毕后，我们能够条理清晰地阐述自己的观点与看法，指出彼此存在的分歧，并给出解决问题的方法。

3. 抓住机会提问

谈判桌前趾高气扬、盛气凌人的谈判对手大有人在，如果与这样的对手正面交锋，义正词严，可能会使气氛陷入尴尬。那遇到这样的谈判对手就要听之任之吗？当然不是。与强势对手谈判，我们要趁其高谈阔论、目空一切时，寻找机会提问。这个提问不是简单的提问，是专门针对其言语中自相矛盾之处或有违常理的地方提问。每提问一次，就会削弱一点对方的嚣张气焰。当对方的嚣张气焰彻底消失时，谈判便可顺利进行。

　　当然，我们还可用智慧与勇气为自己创造气势，只要勇气可嘉，并有足够的胆识承担可能出现的后果，也可借此压制对方的嚣张气焰。

第七章 征服

踢好"临门一脚"，赢下谈判之局

- ☑ 运筹帷幄，掌握报价技巧

- ☑ 若即若离，迫使对方主动寻求合作

- ☑ 最后通牒，不给对手喘息之机

- ☑ 抓住谈判成功前的信号，踢好"临门一脚"

- ☑ 引发共鸣，强调双方的共同点

- ☑ 借力说服，让对方认同你的观念

运筹帷幄，掌握报价技巧

商业谈判时，价格往往是双方最关心的话题。卖方自然是希望价格越高越好，买方则希望价格越低越好，双方都会从自身利益出发，为自己在谈判中争取更多的利益。如果价格能达成一致，双方皆大欢喜，反之则会不欢而散。

因此，报价在谈判中显得尤为重要。只有清楚地知道报价技巧，才能运筹帷幄，抢占先机，继而征服对方。

以下三大报价技巧，希望能给大家带来一些实质性的帮助。

一、报价要优于预期价格

在消费过程中，价格是人们普遍关心的话题，也是消费者决定是否购买商品的一个重要因素。比如，格力空调比市场上同类空调价格略高，但依旧阻挡不了人们购买的热情，为什么？因为一分钱一分货，贵有贵的道理。谈判报价亦是如此。报价过低，会让对方担忧产品的质量问题，间接削弱想要合作的意愿。

再者，交易时消费者都有讨价还价的心理，店家为了表示诚意并尽力促成交易，也会给予适当的让步。这样一番讨价还价后，最终的成交价格往往是双方报价的中间价。比如一件商品，商家报价150元，我们出价100元，最终的成交价往往会在125元左右。

由此可见，谈判其实是一种妥协与让步的艺术，如果我们是卖家，报价可以略微高于自己的心理预期；反之，如果我们是买家，报价时可以略低于自己预期的价格。

综上所述，我们在报价时一定要把握一个原则：谈判中的报价一定要高于自己预期的价格。高于预期，并不是信口雌黄、漫天要价，而是比自己心理预期的价格略高一些，这样即使对方讨价还价，最终的成交价格也会与我们心理预期的价格相差无几，不至于损失太多利润。

二、不要接受第一次报价

若对方第一次报价我们就欣然接受的话，会让对方误以为自己报价太低而产生悔意，进而修改报价或其他条款，往往会使谈判陷入僵局。

一天，某品牌空调业务员小张向一个客户推销空调。虽然此品牌空调是该客户十分喜欢并认同的一个品牌，但因当时天气不是很炎热，所以客户提出空调应按 2500 元的活动价格来卖。小张略微思索了一下，说："最近厂家没有做活动，我回去向公司申请下，看看公司怎么说，因为您出的这个价格我们从来没有卖过，实在是太低啦！"

第二天上午，小张一见到客户便连连道歉，说："实在抱歉，我回公司帮您申请了，但您的这个价格实在太低了，真的给不了。"

客户低头不语，沉默良久后说："那你这边给出的最低价是多少？"

"3200 元，真的不能再少了。"

"那好吧，成交。"客户说。

不接受第一次报价，才能为之后的提价做好铺垫；若毫不犹豫地接受对方的第一次出价，后期想要再行加价，就会难于上青天。

三、尽量让对方先报价

爱迪生一生发明无数，荣获了无数奖项。在做电气技师时，爱迪生为自己的专利亲自与人谈判。

当时，某位经理对爱迪生的一项发明专利表现出浓厚的兴趣，并询问他专利价格。爱迪生心想：这项专利若能成功卖到 5000 美金，就是万幸了。

　　但他并没有将自己心理预期的价格说出来，而是让对方先报价。他说："我这项发明已经申请了专利，相信您十分清楚专利背后的价值。至于价格，还是您先说吧。"

　　结果，这个经理报价 40 万美金。听到这个数字，爱迪生略微思索一下就点头同意了。

　　从这个案例可以发现，谈判报价时，若不清楚对手的底牌，不妨让对方先报价，然后从对方的报价中获取相关信息，做出及时调整，这样才能得到一个最满意的价格。

　　谈判报价到底是"先声夺人"还是"后发制人"，可以依据谈判现场灵活处理。如果你是谈判高手且做好了充分的准备工作，便可先声夺人，争取先报价，因为此时出价的一方会将谈判规则限制在某一特殊框架内，且这种限制会在对方心中形成锚定效应，这时对方再怎么议价，也会围绕最初的价格打转，最终的成交价格只会相差无几。

　　但如果对方的身份与地位使他在谈判中更有话语权，我们可以像爱迪生那样，让对方先报价，自己后报价。当然，自己报价之前记得将对方的注意力由价格向产品价值方面引导，当产品价值大于产品价格时，对方自然会更在意产品价值。

　　总而言之，要想在报价环节减少损失，就要懂得运筹帷幄，掌握报价技巧，如此才能在谈判报价中说服对方，将自身利益最大化。

若即若离，迫使对方主动寻求合作

在谈判过程中，为了争取自身利益最大化，谈判双方往往站在自己的角度思考问题，并为此据理力争。这样一来，当一方提出的要求不合理或双方有了分歧时，另一方往往会以结束谈判相要挟，或者趁机提出更高的要求。这样做的结果无非有两种：一是对方为了谈判顺利进行，做出适当的退让；二是对方坚持认为自己的要求是合理的，不做退让。

为了应对这种情况，谈判双方一般会在谈判之前做出一些高于预期的目标。如果我们分不清主次，在一些无足轻重的问题上与对方僵持不下，往往会得不偿失。

那么，有没有一种好的解决方法呢？当然有。如果我们能选择避开争端，与对方保持若即若离的关系，传递出"你不愿合作，我便寻求他人合作"的意图，便可激发对方心中的恐慌，迫使对方主动寻求合作。

一、若即若离，才能让对方着急

小刘是一家鞋厂的采购主管，之前一直与某家鞋材供应商合作，双方合作得非常愉快。但自从对方公司新来了一个负责人之后，双方的合作便有了分歧。对方公司新上任的负责人小王锱铢必较，不顾多年的合作情谊，想要多赚取一些利润，此举引起了小刘极大的反感。为了应对小王提价的事情，小刘不得不寻找新的供应商。

不过，念在多年的合作关系，小刘内心还残存着一丝希望，他告诉小王：如果原材料方面能维持原价，双方继续合作，之后随着自己工厂订单量的增加，材料的需求会越来越大。可是，傲慢的小王对此不以为然，以为小刘在虚张声势，所以坚持提价。

小刘见状，转身便和另一家鞋材供应商进行洽谈，并故意对外宣称两家已经达成合作意向，即将签订合同。这个消息传到小王耳中后，小王有些坐不住了，原本他只是想提价多赚取一些利润，但若对方真的与其他人合作导致公司失去这个长期合作客户，代价未免太大了。最终，小王一改往日傲慢的姿态，主动找到小刘商谈合作事宜，表示原材料价格不但不上涨，还会在原有的基础上有所下调。

在这个案例中，小刘之所以能以满意的价格取得谈判的成功，就在于他有效运用了若即若离的谈判技巧，故意在对方面前制造自己要与他人合作的假象，引起对方恐慌，继而让对方主动商谈合作并降价。

二、做好随时离开的准备，不把对方当作唯一的选择

若即若离虽然有助于我们快速获得自己想要的结果，在使用过程中，我们要努力让对方相信：如果你满足不了我的要求，我将随时终止谈判，转而与他人合作。唯有如此，若即若离的效应才能发挥到最佳。

丽丽在二手市场看上了一款汽车，但这辆车的价格远远超出了她的心理预期。就在她犹豫不决时，一旁察言观色的销售员为了促成交易，不停地游说她赶紧付款预订下来，言语间多次强调："好车不等人。""遇到喜欢的就赶紧买下来。"

丽丽被销售员的话一激，最终下定决心，准备付款，好友倩倩问道："你今天非买不可吗？这辆车的价格可超出了你的心理预期。如果你想要一个合理的价格，就要做好什么也不买，随时离开的准备。"

　　丽丽小声地对倩倩说："可是我真的很喜欢这辆车，如果今天不买，被别人买走了怎么办？"对于丽丽的顾虑，倩倩充满耐心地说道："如果你一直担心这辆车被卖掉，就只能接受对方的价格，没有做好随时离开的准备，就已经输掉了这次谈判。换言之，要想以满意的价格买下这辆车，你就要学会若即若离，不将对方当作唯一的选择，让对方先着急。"

　　听了好友的劝告，接下来，丽丽与倩倩在2小时的谈判时间里，先后3次走出去。最后，销售员害怕此次交易落空，担心自己完不成当月的销售任务，只好降价，最终丽丽以低于预期的价格买到了心仪的汽车。

　　这个案例告诉我们，哪怕对一件东西很心仪也不要轻易表露出来，要让对方相信"我随时准备离开"，而且这件东西并不是非买他家不可，让对方先着急，这样才能掌握谈判的节奏，让结果朝着有利于自己的方向发展。千万不要轻信对方口中的"好货不等人""最后一件"之类的话，否则，我们将失去谈判的主动权。

最后通牒，不给对手喘息之机

"再不给出一个圆满的解决方案，我就跟别人合作了。"

"这些条件你都不满意的话，我只好放弃这次合作。"

……

谈判桌前，是不是经常出现这样一幕？

经历过谈判的人都知道，这往往是谈判者在下最后通牒。最后通牒一般出现在谈判双方僵持不下时。为了解决问题，具有优势的一方往往出此对策，以要么入局、要么出局的方式破解僵局，快速达到自己的目的。

最后通牒不仅能击破对方仅存的幻想，还能进一步推动谈判进程。不过，由于最后通牒出现的时机与表述的语气不太受欢迎，所以使用时要更加谨慎，以免导致谈判失利。

一、最后通牒的最佳使用场景

最后通牒并不是在任何场景下都能随意使用的，一般来说，它适用于以下几种情况：

1. 时间过长

当双方久谈依然没有结果，为了尽快签订合作协议，最大限度地减少在此过程中耗费的人力、物力、财力，我们可以采用最后通牒来促成合作。

2. 条件优渥

当我们在谈判中处于主导地位且自身条件非常优渥，对方只能选择与我们合作时，可以使用最后通牒。比如，我们是对方唯一的原材料供应商。

3. 退无可退

谈判时，当所有的情形都对对方不利，对方无路可走时，我们不妨试试最后通牒，通常会奏效。

虽然最后通牒的效果很有效，但不可否认，最后通牒也是一种施压。在施压的过程中，我们要把握好一个度，让对方认为"我是说一不二的，如果你不按我说的去做，我就立刻终止谈判"，否则，出尔反尔只会让我们失去谈判的筹码。

二、使用最后通牒的注意事项

除了使用场景，最后通牒在使用过程中还要注意以下几点：

1. 最后通牒的条件与时限要表述完整

在下最后通牒时，要将最后通牒的条件与时限向对方做完整的表述，力求对方接收到的信息是准确的。

比如说："今天下午3点之前，给我一个明确答复，过了这个时间，我们就没有合作的必要了。"只有给出具体的条件和时间限制，才会让对方感受到足够的压力。

2. 让权威人士下最后通牒

不同身份的人下最后通牒，得到的效果完全相同。若是无足轻重的谈判者下最后通牒，对方自然不会放在心上；反之，若是由具有权威且有一定身份地位的主谈人下最后通牒，对方便会信以为真，压力也会由此增大。

3. 言语与行动配合，让施压效果更显著

为了充分发挥最后通牒的效力，我们可以采用言语与行动相配合的方式，让施压效果更显著。比如，说完最后通牒后，一边收拾谈判资料，一边联系订票或叫车服务，表明自己想走的决心，给对方施加压力。

4. 最后通牒不等于威胁

使用最后通牒时，千万不要让对方产生敌意，要用充分的理由说服对方相信我们，让对方觉得我们下最后通牒只是想提醒他们认真考虑之前给出的条件和建议，而不是威胁。

5. 把握尺度，让最后通牒变成对方的催命符

使用最后通牒后，我们要注意观察对方的反应，若对方明确表示不能接受且严词拒绝，足以表明对方的底线。反之，若对方表示还有商量的余地，也不要轻易做决定，最好暂时离开，将对方的底线逼出来。即使离开并没换来对方的挽留，又有何妨？对方不让步，我们依然可以回去继续谈合作。

小唐是甲市一家家装公司的部门负责人，为了一个重要项目需要飞往乙市与某建材商洽谈合作。到达乙市后，对方公司早已派人安排好小唐的食宿问题，这让身处异乡的小唐倍感亲切。等到一切安排妥当后，对方谈判代表看似不经意地询问道："谈判结束后，您是直接飞回去还是在这边玩几天呢？如果有时间可以在这边多玩几天，我这边负责安排，保证您玩得尽兴！"

在对方热情好客的攻势下，小唐并没有多想，谢绝了对方的好意后诚恳表示：由于时间紧迫，他在乙市只能待一个

星期，希望对方公司早日安排谈判，并透露了回程的具体日期。得知小唐的工作日程后，对方公司在接下来的 4 天里，派人带着小唐去市里的各大风景名胜区游览，压根没有提起谈判之事。

到了第 5 天，对方公司派出谈判代表进行谈判，但整场谈判下来，只是不痛不痒地谈论一些无关紧要的问题。第 6 天依然如此，到了第 7 天，正当小唐与对方就关键问题深入交谈时，接小唐去机场的专车打来催促电话。对方见此情形，表示：为了不耽误小唐的时间，双方可以在车上谈。

小唐左右为难，心想：如果在车上谈，到了机场还是没有谈成一致，那自己这一趟岂不是白来了？如果接受对方开出的条件，利润微薄，实在是不划算。两相权衡之下，万般无奈的小唐，只好接受对方的条件。

在这个案例中，小唐之所以由主动变为被动，就是源于对行程的不设防，导致对方巧妙利用时间期限下了最后通牒，从而赢得了谈判的胜利。

作为谈判者，当对方发出最后通牒时，我们需要考虑的是：就此放弃还是继续坚持？如果放弃，投入的成本与耗费的时间精力怎么办？如果不放弃，同意对方的最后通牒，还能赚取多少利润？在此过程中，如果我们缺乏丰富的谈判经验与足够的胆识，只能通过妥协、让步来促成谈判。

当然，最后通牒并不是某一方谈判者的独门秘籍，参与谈判的任意一方都可以使用。虽然我们可以使用最后通牒给对方施压，但对方也有可能以其人之道，还治其人之身，运用最后通牒迫使我们做出妥协。

三、如何应对对方发出的最后通牒

谈判场上，当对方向我们发出最后通牒时，我们该如何应对呢？

1. 对最后通牒权衡利弊

假设对方发出的最后通牒并不是一时兴起，而是经过深思熟虑后做出的决定，且对方明确表示这是他们真正的想法，这时我们就需要认真思考，将让步与拒绝所带来的不同结果做一个利弊权衡，然后再做决定。

2. 探查最后通牒的真伪

对方发出最后通牒后，我们一定要想方设法探查其最后通牒的真伪。如果这是对方放出的烟幕弹，我们可以据理力争，不予理睬，必要时中止谈判，但一定不要让场面太过难堪，应留有余地。这样做的目的在于，若对方改变主意重新谈判，气氛不至于太过尴尬。

3.寻找弥补方法

当我们迫不得已接受对方的最后通牒，不得不向对方做出让步时，可以看看能不能在其他条款或问题上找到替换与弥补的方法，以此做为补偿。

最后通牒的最大好处在于能有效推动谈判进程，在关键时刻施加压力，让对方没有回旋的余地，迫使对方接受你的要求。若能灵活掌握、有效运用，相信我们的谈判水平会有质的飞跃。

抓住谈判成功前的信号，踢好"临门一脚"

很多谈判者以为，在经历一番激烈的唇枪舌剑后，当双方由剑拔弩张变为心平气和，并在谈判初始阶段与中局阶段发挥得特别出色时，下一阶段就要迎来胜利的曙光，继而结束这场谈判。

事实真的是这样吗？非也。即使胜利在向我们招手呐喊，也不要高兴得太早，任何一个小小的失误与疏忽，都可能让我们功亏一篑，前功尽弃。尤其是谈判的最后，更是不允许有丝毫的放松。

抓住谈判成功前的信号，才能踢好"临门一脚"。摘下胜利的果实。要想做到这一点，我们要学会察言观色，正确识别谈判对手释放的成交信号的真伪。

一、察言观色，抓住对方发出的成交信号

在谈判中，捕获对方表情、动作、言语中的微妙变化，有助

于探知对方发出的成交信号，帮助我们一步步瓦解对方的攻势，使谈判局势朝有利于自己的方向发展：

具体来说，对方会释放出哪些成交信号呢？以下几点值得注意。

1.详细询问产品的各项性能

当对方不断询问产品的各项性能，如使用年限、售后服务、原材料供应商等细节问题时，可以确定对方想要促成交易的决心。否则，对方又何必浪费时间、精力去了解这些问题呢？

2.毫无理由地挑刺

想必很多谈判者经历过这样一幕：双方洽谈非常愉快，合作细节业已敲定，就等签字盖章了。这时，对方突然毫无来由地挑刺，对着之前谈好的细节一顿评头论足，处处都不满意。

这种不着边际的反对，看似无厘头，实则是对方为了杀价而做出的最后一搏。此时，即便我们坚持不让步，对对方的吹毛求疵不做过多解释，最后对方也会同意。

3.询问他人意见

在谈判的最后阶段，当对方向身边人询问"你觉得这个如何""这个你还满意吗"诸如此类的问题时，足以表明对方已经认可了我们的产品或方案，询问是为了寻求进一步认同。

4.夸赞其他产品

在谈判的最后阶段，对方为了迫使我们做出更多让步，会故意在我们面前夸赞其他公司的产品，甚至将两家公司的产品对比。但是，如果别人家的产品真的如他宣扬的那般好，何必费尽周折与我们谈判呢？

5.爱不释手

当对方认真看着产品并不断地拿起又放下，表现出爱不释手的样子时，我们要做的就是趁热打铁。

6.在言语间表示认输

如果对方主动说一些"我真佩服你""真拿你没办法"之类比较委婉的话，说明对方已经认输，不想再做过多争辩。

当然，在谈判过程中，对方释放的这些信号只是表明我们胜利在望，不到最后一刻，谁也不能保证签合同盖章就一定是板上钉钉的事情。因此，这时我们依然不能掉以轻心。

这里以第四点为例说说如何回应对方释放的信号。对方为了迫使我们让步而夸赞其他公司的产品，这时我们若抱着必胜的信心反驳对方："既然另一家公司的产品好，你怎么不考虑呢？"性情再温和的客户听了这话，也会扭头就走。即使对方真的想要促成交易，但我们挑衅了对方的尊严，又凭什么要求对方继续与我们合作呢？反之，当对方夸赞其他公司的产品时，我们态度谦卑地列举自家产品的优势，找出别家产品的不足，不但迎合了对方的需求，还间接夸赞了对方眼光独到，如此一来，自然能打消对方杀价的举动。

以上成交信号，我们一定要仔细观察，认真分辨，并以此为突破口，探究其背后的真实意图，这样才能早一步取得谈判成功。

二、主动投石问路

主动与被动的最大区别在于，主动能更好地帮助我们掌握谈判的主导权，而被动只能被对方牵着鼻子走。因此，在谈判过程中，当对方举棋不定时，我们不妨主动助对方"一臂之力"。

例如，当谈判进展顺利、交易条件比较成熟时，我们可以积极主动地说："接下来，我们就准备签合同吧！"或者"事不宜迟，我们赶紧起草合同吧！"

这时，即使对方认为我们操之过急，拒绝了我们的请求，但主动出击也好过被动等待。当然，如果我们觉得实在不妥，也可以投石问路，做一个打头阵的火力侦察员，主动探听对方的虚实。

以下便是投石问路的具体使用方法，非常值得借鉴。

1. 暗示法

暗示法看似问话，实则击中对方的心理需求，意在促使对方做出肯定的回答。例如，"据我观察，您好像特别青睐这个颜色，我说的没错吧？"或者"我觉得这个款式特别适合您，您觉得呢？"

2. 假设法

谈判时，如果直截了当地询问对方的真实意图，对方肯定不会如实回答。此时，我们可以用假设法，假设一些问题让对方回答。例如，当对方有了购买意向，可以这么问："如果你购买了这件宝贝，你会送给谁呢？"

使用假设法是为了营造一种无关紧要的假象，从对方的答案中寻找蛛丝马迹，捕捉成交信号。

3. 二选一法

提出两个选项，让对方二选一。例如对方选择分期付款，但付款周期有3年期和5年期，可以这样问："请问3年期和5年期，您要选择哪一个呢？"使用二选一法，不仅方法简单易于操控，还便于掌握谈判的主动权。

综上所述，抓住谈判成功前的信号并加以正确识别，方能在谈判的最后阶段沉着冷静地应对。

引发共鸣，强调双方的共同点

在大多数人眼里，销售员巧舌如簧，凭借三寸不烂之舌就能轻而易举地说服顾客促成交易。实际上，成功说服顾客并不完全是三寸不烂之舌的功劳，更是因为销售员找到了自家产品与客户的共同点，从而引发共鸣，投其所好进行说服的结果。

谈判亦是如此。在谈判的过程中，为了更好地说服对方同意我们的看法，适当地投其所好很有必要。

一、投其所好，因人而异

在谈判过程中投其所好，应该如何因人而异呢？以下几点值得注意：

1. 对能言善辩之人投其所好，言语要尽量简单扼要，不要长篇大论。

2.对见闻广博之人投其所好，可以多讲古今中外的奇闻趣事。

3.对名人和权威人士投其所好，可以对其引以为傲的业绩多加赞赏。

也就是说，对方喜欢的、感兴趣的话题可以多说，对方讨厌的、忌讳的话题就要避而不谈。若能做到这一点，就已经成功投其所好了，接下来的谈判也就能水到渠成。

小张是一位资深记者，这次她要采访的对象是一位著名的柑橘种植专家。这位柑橘种植专家性情古怪，不喜欢热闹，更不愿意接受采访。小张使尽浑身解数，也没能说服对方接受采访。一筹莫展之际，小张突然想起了对方的兴趣爱好及所学专业，于是从这位专家最感兴趣的柑橘话题开始说起："听说您之前创造的柑橘枝序修剪法大受欢迎，请问它与普通的修剪法相比有什么优势呢？"一听这话，对方的脸上立刻露出笑容，详细讲解起来。之后，小张顺利完成了采访。

任何人都不是顽石一块，如果我们能在说服对方之前投其所好，找到对方感兴趣的话题，拉近距离，接下来的说服就会容易许多。

二、寻找话题，引发共鸣

既然投其所好就是要找到对方感兴趣的话题，我们要如何做才能找到共同话题，引发共鸣呢？

1. 主动出击

想要找到共同话题，离不开有效的沟通。沟通方式多种多样，不管是借题发挥还是套近乎打招呼，只要我们主动出击，就能找出共同话题。

周末，王阿姨带着孙子到公园游玩，在公园转了一圈后，她感觉有些累，便和孙子在公园的长椅上坐着休息。刚坐下不久，另一位带着孙子在公园游玩的阿姨也过来休息。

这位阿姨很是健谈，看到王阿姨也带着孙子，便主动询问："这位妹子，你也是专门陪孙子过来游园的吧？以前怎么没见过你？"王阿姨笑了笑说："是呀，我儿子他们刚搬到旁边的××小区，这不，我也跟过来带孙子嘛。""这么巧，我也是××小区的，我住在1区。""我也住在1区，这实在是太巧了，待会逛完我们还可以一起回家……"

找到共同话题后，两位阿姨便开始热火朝天地聊了起来。逛完公园一起回小区时，两个人已经很熟络了。

由上可知，主动出击确实有助于寻找共同话题。找到了共同话题，就能聊出感情，陌生人也能变成朋友。

2. 举手表决

在谈判过程中，如果需要说服的人数众多，也不要过于忧虑，可以通过举手表决选择一个大家感兴趣、想谈、能谈的话题，让所有人都能发表看法，氛围融洽了，说服也就水到渠成。

3. 投石问路

过河之前，为了探明河水的深浅，可以向河中丢一块石头，看看是否具备过河的条件。谈判过程中，为了更好地寻找共同话题，我们也可采用投石问路的方式先行试探，有了一定了解后再有针对性地交谈，如此便能相谈甚欢。

例如，见到不熟悉的人不知道如何沟通，可以先投石再问路："听说你和××是同学？"如果对方回答是，便可沿此方向继续谈下去，如果不是也没有关系，可以重新寻找其他话题。

4. 感同身受

想要成功说服对方，察言观色必不可少。如果发现对方情绪不好，可以从情绪上入手投其所好引发话题，给对方讲述自己遇到同类问题时的心情与感受，让对方感觉你与他感同身受，也能展开话题。

5. 反面激将

当遇到不愿沟通的对手，以"不知道""没听说"来敷衍我们时，可以反其道而行之，以反面激将的方式来激对方，让对方由知而不言到言无不尽，以此进行说服。不过，使用激将法时要把握一个度，如果适得其反，激出麻烦来可就不妙了。

6.话题延伸

谈及对方的兴趣爱好时，若发现对方神情专注，饶有兴致，可以由此展开话题。还可以延伸话题，以第一个话题引出第二个话题，在话题的不断延伸中，一步一步地说服对方。

比如对方喜欢音乐，在以音乐为话题的基础上可延伸出歌手、音乐视频、乐器等相关话题。即便我们对与音乐相关的事物都不太了解，也没有关系，可以做个耐心的倾听者。

7.即兴引入

所谓即兴引入，就是借用此时此地此人的身份、职业、穿着打扮等来引发话题，其优势在于就地取材，灵活自然，能快速引发对方的共鸣。

除此之外，还可以从对方的缺点入手，动之以情，晓之以理，言语诚恳地提出自己的看法与建议，激发对方力求完美的心理。

借力说服，让对方认同你的观念

为了让对方认可并接受我们的观念，除了运用一些常见的说服技巧，我们还可以借助外部力量提升说服效果。此举不仅可以极大地增强说服力度，还能起到借势用力、顺风托势的效果。

所谓外部力量，是指谈判对手的自身因素和外界因素。用好了这两种因素，便能借力说服，达到事半功倍的效果。

一、有助于说服对手的外界因素

具体来说，什么样的外界因素有助于我们成功说服对方呢？

1. 外部环境

人的对熟悉的生活环境，自然会有一种亲切感。我们可以以此为契机，争取将谈判地点选在自己熟悉的地方，这样一来，神情放松，心情愉悦，说服对方时自然能得心应手。

2. 可靠资料

如果我们在谈判过程中一味空谈理论却拿不出有效依据，对方会对我们所说的话持怀疑态度；反之，如果我们列举大量事实加以佐证，便能打消对方的疑虑。事实胜于雄辩，比起一味地夸夸其谈，人们更容易相信切实发生的事情。

小王因感冒咳嗽到药店买药，药店医师推荐了一种消炎药和一种缓解咳嗽的药。对此，小王心存疑虑，担心不能药到病除。此时，若药店医师换一种说服方式，对小王说："你放心，感冒咳嗽吃这个药准好，上次有个人症状和你一模一样，也是吃了这个药就痊愈了。"药店医师将活生生的事例摆出来，相信小王听后会迅速打消心中的疑虑。

3. 借助第三方转述

谈判时，很多谈判者总以为亲自向对方传递自己的想法，就能成功说服对方，但结果往往不尽如人意。此时不妨改变策略，借助第三方转述来说服，让对方认为第三方和他是一条战线上的，有着相同的看法，有着共同的目标，以此打消对方的疑虑。当然，在向对方引述第三方的话时，如果能借用第三方的成功事例或实际统计数据加以配合，将极大提高说服成功率。

二、以子之矛，攻子之盾

采用借力说服时，我们还可以以子之矛，攻子之盾，巧妙利用对方观点进行说服。

1. 先肯定，后否定

在谈判过程中，对方难免吹毛求疵，提出各种要求，如："这个产品的外包装不符合市场客户群体。"这时不妨顺着对方的话说："是的，投放市场之前，很多客户和您有一样的想法，但之后他们改变了这种看法，因为事实证明，这件产品的包装非常符合市场定位，受到了很多消费者的喜爱。"先肯定对方提出的观点，再以相关信息和事实进行否定，让对方无话可说。

2. 先利用，后转化

谈判桌上，对方说："虽然你的需求量大，但随之而来的附加项目和折扣力度也大，恐怕我无法满足你的要求。"对此，我们可以这样回答："您说的确实是事实，但正如您刚才所说，我们的需求量也很大，这样可以一次性解决很多问题。除此之外，若这次合作满意，我们还可以长期合作，从长远来看，这对我们双方是互惠互利的。"

先利用后转化，将合作的诸多好处一一道来，将对方的反驳扼杀在摇篮中。

3. 先重复，后削弱

所谓先重复后削弱，是指将对方持有的不同意见复述一遍再进行回答。当然，复述并不需要一字不改地重复，只要不改变对方原话的意思，文字和顺序都可以打乱。

例如，对方说："你提出的要求太不合理了，我觉得没有继续谈下去的必要了。"对此，我们可以这样回答："您的心情我十分理解，但提价是迫不得已而为之，这是原材料上涨导致的。您可以去外面咨询相关供应商，就知道我所言非虚了。"

当我们做出这样一番回答后，势必能削弱对方的强势，让对方认为我们是理解他的，但事实是我们已经悄无声息地掌握了谈判的主动权。

第八章　禁忌

别让快到手的胜局，输在"多此一举"

错误的谈判观念

在大众眼里，谈判是一场没有硝烟的战争。之所以称为战争，是因为人们脑海中呈现的谈判场景往往是唇枪舌剑、剑拔弩张的场景，谈判双方为了打赢这场战争，往往会不惜一切代价，争个你死我活。事实真的是这样吗？

答案是否定的，而且，这种错误的认知观念，还容易使我们的判断发生偏差。所以，我们有必要纠正一些常见的错误的谈判观念，正确对待谈判。

一、错误观念之谈判是剑拔弩张的

在谈判过程中，沟通是谈判的一个必要途径。既然是沟通，我们便可以这样理解：谈判既不是剑拔弩张，也不是非要置对方于死地，而是谈判双方为了达到各自的目的，在不断试探中逐渐妥协的一种艺术。

有位名人说：谈判的艺术就是妥协的艺术，谈判之前，谈判双方都会准备多套谈判方案及策略来应对对方提出的各种问题与要求。但准备再充分，依然避免不了突发状况的出现，若目标结果达成一致，自然皆大欢喜；若达不成一致，便需要双方就不同意见进一步协商，采用灵活多变的策略见招拆招。

所以，谈判实际是持有不同观念与看法的团队或个人彼此交换看法，聆听对方心声的过程。在这个过程中，出现摩擦是很正常的，毕竟双方都是站在各自的立场来考虑问题，争取各自利益最大化。这些争论并不是为了将对方置于死地，而是立场不同造成的观念不同。

二、错误观念之谈判是牢不可破的

生活中，当我们去加油站加油时，往往不会与加油站的工作人员讨价还价，因为油价是定死的；过高速收费站时，车辆的高速费用是按车型、里程与当地的高速公路计费标准收取的，是电脑自动计算的……

在这些情况下，无论我们花费多大的精力与时间去谈，都是徒劳无益的。但是，有些事情我们要学会根据时间、地点、场合和对话加以判断。

比如去一些名不见经传的商场购买服装，商场里都是明码标价，但在我们犹豫不决时，老板往往会主动让步给一些优惠。因为适当的让步可以满足顾客讨价还价的心理，还能给予顾客舒适的购物体验，增加回头客数量。

如果我们能抓住对方的这种心理，谈判过程就会容易很多。我们也可以根据心理预期的价格与对方谈判。除非对方说199元是最低价格了，低于这个价格就免谈。这种情况下，再进行谈判会变得非常困难，放弃是明智的选择。

三、错误观念之谈判没有双赢

谈判并不是以你赢我输为最终目的，而是我们觉得自己赢了，对方也觉得自己赢了。之所以这样说，是因为双方在谈判过程中，通过不断的等价交换，达到各自想要的目的，即在满足对方需求的同时又能达到自己的目的，这才是谈判的目的：双赢。

举个例子，两人分一个橘子，怎么分才能达到双赢呢？一个橘子两个人，似乎一人一半是最佳的分配方法，但是橘子瓣大小不一，到底是以瓣来分、以大小来分还是榨成果汁来分，似乎都有可行性。但在分橘子之前，我们可以先弄清楚对方的真实需求。

假设这两个人中，一个人喜欢用橘子榨汁喝，一个人喜欢用橘子皮泡水喝，双方通过协商，喜欢喝果汁的拿了橘子肉, 喜欢用橘子皮泡水喝的拿了橘子皮, 这样双方各取所需, 最后的结果不就是双赢吗?

这样的事例在谈判中不会经常遇到, 但在实际的谈判过程中, 很多谈判者做不到坦诚相见、精诚合作, 以致本来可以双赢的局面, 却因彼此设防, 非要争个你死我活而剑拔弩张。

当然, 我们还需要明白: 双赢是基于内心深处的呼唤, 是谈判中的策略与智慧, 而不是纸上谈兵的哄人伎俩。

欲要正其行, 必先正其心。一定要树立正确的谈判观念, 这样才能避免受到错误观念的影响而做出错误的判断。

谈判的七大用语禁忌

谈判用语对整个谈判过程也起着至关重要的作用。要想在谈判中减少语言失误，我们应当掌握谈判用语禁忌，营造良好的谈判氛围，得到对方的好感与认可。

第一忌：欺、诈、隐、骗

人们常说：没有永远的朋友，只有永远的利益。抱着这一想法，有的谈判者为了争取自身利益最大化，在谈判过程中歪曲事实，以欺、诈、隐、骗的行径来增加自己的谈判筹码。

业务员小李在向某公司推销产品时，为了尽快获取对方的好感与信任，他在介绍产品功能与质量时信口开河，谎称该产品已获得"省优"级荣誉称号。对方公司负责人在小李的欺、诈、隐、骗下，误以为该产品质量过硬，投放市场一定会大受欢迎，便与小李达成了初步购买意向。

之后，这位公司负责人在实地调研考察中，发现小李吹嘘的"省优"级产品并没有取得任何资质，产品在市场上虽受欢迎，但却存在一定的安全隐患。为了避免后续产生纠纷与问题，这位负责人与小李终止了合作洽谈。

在一些涉及重大利益的谈判中，有的谈判者使用的欺、诈、隐、骗的行径或手段通常要高明得多，具有相当大的诱惑力与隐蔽性。然而，谎言一旦被揭穿，不仅会直接影响谈判氛围，令对方心生芥蒂，还会给自身形象与信誉造成损失。基于此，我们一定要以实事求是作为谈判的出发点，力争给对方留下良好的印象。

第二忌：模棱两可

谈判时，有些谈判者因表达方式不恰当，在阐述自身立场、观点时前言不搭后语，言辞间模棱两可，往往对手一反问，便无法自圆其说。这不仅容易让对方误以为己方不专业，还会给人一种优柔寡断的印象。

为了避免这一状况的发生，我们在谈判前应当做好充分准备，对谈判中可能出现的问题进行预估和分析，最好对一些专业性知识或谈判中存在的争议准备好解决方案，这样才能游刃有余地回答对方的提问，让对方觉得我们专业、专注。

第三忌：道听途说

道听途说非常不可取。谈判时，有的谈判者误以为自己阅历丰富，在不辨真伪的情况下，利用道听途说的信息与对方讨价还价，结果被对手抓住谈话漏洞进行有力的反击。

此外，谈判是严肃与正式的，道听途说、未经证实的消息会给对方一种不严谨、不认真、不靠谱的感觉，这样一来，又如何赢得对方的信任呢？因此，谈判时一定不要使用"听说""好像"之类不确定的字眼。

第四忌：盛气凌人

谈判的形式多种多样，谈判者的身份也会因谈判的重要性而有所不同。有的谈判者有高学历或高资历便自以为高人一等，在谈判过程中颐指气使、盛气凌人。殊不知，这样的谈判态度不仅容易招致对方反感，还会因为无意中得罪人而不自知，使自己陷入进退维谷的尴尬境地。

作为公司的业务经理，小王自恃资历老，业务能力强，有点目中无人。有一次，他去甲公司洽谈业务，到场后发现与自己谈判的是三位年轻人，便傲慢对着其中一个戴眼镜的年轻人说："找个能管事、能做主的人来，不然我没法和你们谈。"他话音刚落，那个戴眼镜的年轻人不卑不亢地答道："我是这儿的经理，也是这个项目能管事、能做主的人，请问我能和你谈吗？"

年轻人的话软中带硬，一出声便狠狠地回怼了小王。小王本想借着自己的经理身份，给对方一个下马威，没想到谈判还没开始，就已经吃了一个小败仗，使自己处于不利位置。

所以，谈判时，不管自己资历多老，身份有多特殊，业务能力有多强，只要双方坐在谈判桌上，奔着交易的达成进行谈判和协商，就要放下身份、资历、背景，坚持平等沟通的原则，等价交换自己想要的东西。

第五忌：枯燥呆板

在枯燥低沉的氛围下，谈判者的表情、语言的表达会显得紧张、呆板，给人一种生冷的感觉。缺乏有温度的交流氛围，功利性太强，对谈判是非常不利的。

既然是谈判，最终的结果有可能就是合作关系，也就是互惠互利。为了双方更好地交流沟通，尽快达成合作意向，我们要尽量营造一种积极、轻松、融洽的氛围。

第六忌：攻势过猛

有的谈判者误以为谈判首先要从气势上压倒对方，抱着这种错误的观念，说话尖酸刻薄不说，还猛烈地发动攻势，不给对方以喘息之机。

小张是一家百货商场的采购员，认为生产厂家为了增加产品销量，会有求于零售商家。于是，在与厂商代表谈判时，他不断地向对方发起攻势："一、贵厂产品必须实行代销；二、必须对旗下生产的商品无条件实行'三包'服务；三、不管采购量大小，必须送货上门；四、产品质量必须过硬，否则……"

还没等小张把话说完，厂商代表便打断他的话，说："贵方提出的这些问题我们都可以接受，不过鉴于我司产品在市场上占据的主导地位，贵方引进我司产品后必须设立专柜，提供优质的售前、售后服务，否则我们将终止洽谈，寻求新的合作伙伴。"

这就是谈判攻势过强带来的弊端。它既不能先声夺人压倒对方，还会间接伤害对方的自尊心。即便一时侥幸，遇到脾气温和的谈判对手而占据一时的优势，但后面的合作也会受到影响；若遇到心机深沉之人，表面深藏不露，让我们尽情发挥，放松警惕，实则欲擒故纵，在谈判的关键环节打我们一个措手不及，让我们有苦难言；若遇到旗鼓相当，同样攻势凶猛的对手，势必掀起一场没有硝烟的战争，使双方的言语交锋愈演愈烈。

同时，锋芒毕露只会过早地暴露我们的内情，给对方一种争强好胜、自私自利的印象。因此，谈判时应尽量言辞委婉，使谈判在融洽愉快的氛围中进行。

第七忌：自以为是

为了取得谈判的胜利，有的谈判者喜欢抢占说话的先机，还没等对手说完便急不可耐地打断对方，抑或在对方表达意见时，不认真倾听而一味地自说自话，过分强调自身感受与利益……这种自以为是的行为显然是不礼貌的。谈判时若抱着这样的态度，失败是必然的结局。

因此，我们要以谦卑的态度聆听对方的想法，若有不同意见，待对方说完再进行反驳与辩解也不迟，而不应该在行为和态度上过分地自以为是，这样不仅会失去对方的尊重，还容易让人感觉我们没有修养。

了解和掌握这些用语禁忌，有助于我们在谈判过程中规避错误，使谈判在轻松、融洽的氛围中进行。

谈判最忌讳的六大行为

谈判双方在良好的氛围中愉快地沟通，是双方达成合作的前提条件。在这个过程中，所有的行为都会成为影响合作的关键因素。

那么，其中有哪些行为是谈判最忌讳的呢？

一、不注重仪容仪表

谈判是在一个比较正式的场合，而面谈又是谈判的必经之路。在了解产品或项目之前，我们往往会从对手的言谈举止和谈判过程中的表现来进行双向评估。

谈判者即使专业知识过硬，准备充分，若不顾场合穿着随便，也极有可能因仪容、仪表过于随便而失去对方的好感。毕竟在对方眼里，谈判者代表的是其背后的公司形象和品牌形象。

二、态度冷淡不热情

有的谈判者可能因为自身性格的原因，总是表现出一副高高在上的姿态，给人一种冷若冰霜、不易靠近的感觉。但是，彬彬有礼、待人热情是基本的沟通礼仪，即使是因为性格原因，在与对方谈判的过程中，也要放下高冷的姿态，用主动热情营造良好的谈判氛围，让对方感觉自己是受到重视的。

三、不懂得察言观色

很多人常说察言观色是这个社会的生存之道，但在谈判过程中自说自话、不懂察言观色的谈判者仍大有人在。因为不懂得从对手有限的信息中捕捉到有特殊含义的信息，他们自然也就不能在第一时间做出正确的判断及采取相应的策略。

四、对客户姓名张冠李戴

谈判双方因为洽谈合作而走到一起，恰恰是展现你重视本次合作留下印象分的大好时机，这时如果连名字都记错，无疑会使彼此的合作与信任受到影响。这样的不严谨，在谈判中是绝对不允许的。

五、一厢情愿地向谈判对手发问

谈判中最忌讳的就是一厢情愿。在谈判的初始阶段，与谈判对手刚刚接触，很多问题还没有进行深入沟通与探讨。有的谈判者一旦看到对方流露出好感，便一厢情愿地询问接下来怎么付款、怎么签合同等。在合作意向还没有达成的情况下抛出后续问题，势必造成尴尬。

六、带着个人情绪歧视谈判对手

生活中，每个人都难免会受到刻板印象的影响而产生错误的认知。我们不应该戴着有色眼镜看待谈判者，更不应该带着个人情绪去歧视对方。否则，这种涉及道德层面的歧视只会加速谈判的破裂。

谈判的十大心理误区

谈判不仅是一场专业的较量，更是一场心理的较量。一旦我们走入心理误区而不自知，便会因为错误的判断失去优势地位，使自己处于不利位置，导致谈判失败。

那么，有哪些常见的心理误区是我们在谈判过程中容易陷入的呢？如何规避这些心理误区，更好地掌控谈判的主动权呢？

一、仓促上阵

不管是什么场合下的谈判，都不要掉以轻心、仓促上阵。要知道，谈判中随时都可能因为突发状况而产生一些难以应对的疑难问题，若连基本的准备工作都没做好，势必无法应对这些突发问题。因此，千万不要抱着侥幸心理仓促上阵。即便对方给出了谈判时间与地点，我们也可以实情相告：谈判条件还不成熟，暂缓谈判。

二、找错谈判对象

很多谈判者常常认为，只有对方公司的高层领导才能最终决定谈判结果。实则不然，身份与地位是权力的象征，却不一定是拍板决定谈判结果的最佳人选，因为高层领导往往并不清楚所有的谈判细节与内容。

因此，在谈判过程中，我们一定要仔细观察，找到那个拥有最终决定权的人，避免一步错而步步错。

三、过分追求完美

100 分看起来更完美，但 99 分也未尝不可，只要在谈判过程中尽心尽力，将产品的优势清晰无误地表达出来，哪怕表达方式不尽如人意也没有关系。

在实际谈判中，有的谈判者往往过分追求完美，对谈判过程中不够完美的表现懊恼不已。事实上，将自己的观点表达清楚才是最重要的，并不一定要用华丽的辞藻来辅助和煽情。

四、害怕失去谈判控制权

越害怕失去，越容易失去。谈判时，我们有时过分看重谈判的控制权，认为失去控制权就失去了主导地位，就会失去成功的可能性。这种想法其实是错误的，谈判不是为了控制谁、操纵谁，而是谈判双方为了互惠互利而寻求合作的一种方式，是为了目标的递进、价值观的实现而共同协商找出最佳解决方案。

如果我们总是害怕失去谈判的控制权，总想牢牢占据主导地位，对方又如何能开诚布公地与我们沟通探讨呢？换个角度思考问题，内心也许就能坦然许多。

五、固执己见

通俗易懂的道理，很多谈判者内心虽然明白，但在实际谈判中仍避免不了固执己见，认为自己的方案与解决方式是唯一具有可行性的。事实上，任何事情都没有绝对，在谈判中过于固执己见，会让我们无法认真倾听和接受对方的意见，无法平心静气地观察谈判中发生的一些变化，最终使谈判陷入僵局，无功而返。

六、因失利而陷入自责

胜败乃兵家常事。谈判中，输赢是再正常不过的事情，更何况只要能与对方达成合作便是双赢，又何来输赢一说呢？即便谈判过程中因某些失利而被对方占据上风，也不必因此而自责。应振作精神，信心满满地迎接下一场挑战。

七、对谈判感到力不从心

作为谈判者，我们常常会有这样一种感觉，谈判之前信心十足，谈判之中力不从心，谈判结束后总是感慨颇多，觉得自己可以做得更好。心里明明很想尽力达成某个目标，但却缺乏足够的力量做支撑，归根究底，皆源于谈判过程中的力不从心。力不从心的根源，则源于谈判的准备工作不充分。

遇到意外情况，我们可以中止谈判，重新调整思路或再次收集情报，以便做出合适的应对方法，千万不要对谈判中的力不从心听之任之。

八、偏离目标

谈判之前，谈判双方都会对本次谈判的目标有一个清晰的认识，清楚地知道自己想要达成什么目标，以及如何做才能实现这个目标。

随着谈判的开始，谈判双方在不断的沟通与探讨中逐渐偏离目标，甚至重新设定一些不符合实际的新目标。这是十分危险的，因为偏离目标的谈判，只会离我们最终期望的结果越来越远，所以在谈判过程中，我们要不断地提醒自己明确目标，这样才能在谈判结束时达成预定目标，得到自己想要的东西。

九、过于杞人忧天

谈判者设定好自己的期望，努力奋战到最后一刻，不管最终结果是否双赢，是否能让谈判双方都满意，都不必过于忧虑。

因为忧虑并不能解决所有问题，只会让自己徒增伤悲，与其这样，倒不如学会释然，以平常心看待最终的谈判结果。

十、仓促结束谈判

不管谈判进行到哪一阶段，我们都要随时做好结束谈判的准备。因为谈判并非时间越长越好，时间越长，只会对谈判越不利，降低谈判成功的概率。当然，我们也不能敷衍了事，仓促结束谈判。

让步要有底线和原则

在谈判桌上，谈判双方为了达成各自的目标，在观点与看法的探讨上既有殊途同归的地方，也有意见相悖的地方，这都是谈判中比较常见的情况。殊途同归，双方自然是皆大欢喜；若意见相悖，目标无法达成一致，我们也不要无原则、无底线让步，否则只会让对方得寸进尺。

当然，谈判双方为了达成各自的目标，多少会做出一些让步与妥协，怎么让、让多少，都需要把握好一个度，让对方觉得让得值，同时又不让自己白白让步。

一、让步不能无原则、无底线

让步虽然有助于谈判的顺利进行，但当对方提出的让步条件触及我们的底线与原则时，要学会拒绝；反之，则可以试着转换思路，以一种两全其美的方式来做出让步。

大三放暑假时，小李应聘到一家服装店做销售员。一天，店里来了两位外国顾客，他们一番挑选后看中了一件呢子大衣。衣服上用阿拉伯数字清清楚楚地标明了价格，但其中一位身材高挑的女孩却用蹩脚的中文不断地挑剌抱怨，希望衣服能打个折。当时与两位女孩沟通的是店里的另一个销售员，他们谈了好久，都没有达成一致。

小李见状，便走过去用英语与两位外国女孩沟通起来。她了解到外国女孩十分喜欢那件呢子大衣后，说："一件没法打折，但如果一次购买两件，可以帮你们申请打折。"两位外国女孩一听这个提议，毫不犹豫地同意了，买了两件回去做闺蜜装，一人一件。

在这个案例中，如果小李和同事坚持不让步，结果可能是两位外国女孩放弃购买，转身寻求其他卖家。好在小李转变思路：让步可以，但条件是一次买两件。这样不仅促成交易，还提升了店铺销售额，可谓两全其美。

所以，让步并非不可，关键是如何让步才能让得体面，让双方皆大欢喜，这是我们要认真考虑的。

二、让步要遵循的原则

让步一定要牢牢把握一个度，既能让对方觉得让得值，又不让自己白白让步。除此之外，让步时还要遵循以下原则：

1. 敢于向对手提条件

让步相当于等价交换，一个换一个才是公平之举。因此，当对方提出条件要求让步时，我们要敢于向对手提条件，以等价交换的方式让对方也做出适当的让步，以示公平。

2. 权衡利弊再让步

谈判过程中的让步，千万不要答应得过于爽快，应该权衡利弊后再做决定，最好能让对方感受到我们让步的诚意与困难，这样对方才会更加珍惜我们所做出的让步，内心也会多一份感动与满足。

3. 把握让步的最佳时机

让步并非不可，但何时让步对自己最有利，是值得深思的问题。过早或过晚让步，都有可能起不到好的效果。因此，要选择一个让步的最佳时机，尽可能将让步的价值最大化。

4. 掌握让步的幅度

谈判时，对于让步的幅度大小，一定要秉承先大后小、先多后少的原则，以循序渐进的方式，切不可幅度太大，不然对方会误以为我们可以无条件让步。

比如，第一轮让步先降5%，第二轮3%，每让一步都要给对方营造一种我们已经做出很大让步的感觉。反之，如果我们先降3%，再降5%，对方就会认为接下来我们还会再降10%，对接下来的谈判工作产生不利影响。

5. 不做无谓的让步

在谈判中做出让步时，我们要明白，每一次让步都不能白让，千万不要为了讨好对方或尽快促成谈判成功而自降身份，这样只会让对方轻视我们。

6. 守住底线

在谈判过程中，当涉及核心问题和重要条款时，我们一定要牢牢守住自己的底线，坚持自己的原则。即使对方率先让步，我们也不能因此掉以轻心。因为对方可能是想用次要问题换取我们在核心条款上的让步，以此来诱导我们。

7. 使自己让步的价值更大化

不能让对方觉得我们的让步是小菜一碟或理所应当，因此，在谈判中做出让步后，我们一定要把自己让步后对方获得的种种好处大肆宣扬，最好是用具体的数字来说明。

这样一对比，不仅能使让步的价值更大化，或许还能借机制止对方提出进一步的让步条件，何乐而不为呢？

8. 将对方让步的价值最小化

谈判中，当对方做出让步后，哪怕这些让步的条件正是我们内心所期许的，也不能将喜悦溢于言表，应尽量将对方让步的价值最小化，压低对方让步的分量，降低对方的期望值，以免对方提出过高的让步条件。

总的来说，谈判让步有助于谈判的顺利进行和目标结果的达成。不过，我们一定要坚守自己的底线，在保障自身利益最大化的同时遵循让步的原则，这样才能与对方成功合作，双方皆大欢喜。